陈家坝村
乡村自治实证研究

杨述明　李静萍
程慧栋　叶闽慎　著

长江出版传媒 | 湖北人民出版社

图书在版编目(CIP)数据

陈家坝村乡村自治实证研究/杨述明等著.
武汉:湖北人民出版社,2019.7
ISBN 978-7-216-09746-8
Ⅰ.陈… Ⅱ.杨… Ⅲ.农村—群众自治—研究—蔡甸区 Ⅳ.D638
中国版本图书馆 CIP 数据核字(2019)第 118319 号

责任编辑:刘天闻
封面设计:刘舒扬
责任校对:范承勇
责任印制:王铁兵

出版发行: 湖北人民出版社	**地址:**武汉市雄楚大道 268 号
印刷:武汉市天星美润设计印务有限公司	**邮编:**430070
开本:710 毫米×1010 毫米 1/16	**印张:**12.25
字数:211 千字	**插页:**2
版次:2019 年 7 月第 1 版	**印次:**2019 年 7 月第 1 次印刷
书号:ISBN 978-7-216-09746-8	**定价:**38.00 元

本社网址:http://www.hbpp.com.cn
本社旗舰店:http://hbrmcbs.tmall.com
读者服务部电话:027-87679656
投诉举报电话:027-87679757

总　序

“基础不牢、地动山摇”。城乡社区作为社会治理基本单元点，承担着将党的路线方针政策落实到“最后一公里”的重担。其治理水平直接关系国家治理体系和治理能力现代化。在我国社会结构深刻变动、利益格局深刻调整、思想观念深刻变化的社会转型背景下，城乡社区成为多样化社会矛盾的积聚点、多元化利益诉求的交会点和各种治理力量的凝结点。推动社会治理重心下移和关口前移成为化解社会风险、实现国家长治久安的必然选择。自《中共中央国务院关于加强和完善城乡社区治理的意见》（中发〔2017〕13号）指出“城乡社区治理事关党和国家大政方针贯彻落实，事关居民群众切身利益，事关城乡基层和谐稳定”之后，党的十九大报告更是进一步明确提出“加强社区治理体系建设，推动社会治理重心向基层下移，发挥社会组织作用，实现政府治理和社会调节、居民自治良性互动”。

实现治理重心下移的首要前提是尊重基层自治的主体性、尊重基层自主治理权。回顾我国农村改革的发展历程，从家庭联产承包责任制到土地“三权分置”，从村民自治、农村税费改革到乡镇综合配套改革，这些重大农村政策变革与调整的背后都离不开基层的自主创新与探索。在城乡社区治理实践中，“三社联动”“三治融合”、公益创投、城乡社区民主协商等的提出，也均萌芽于基层、发展于基层、成熟于基层。可以说，基层主体性的发挥是基层自治的活力和力量源泉。然而在现实基层治理过程中，由于种种客观原因，虽然政府充分认识到基层治理的重要性，并一再强调“社会治理的重心必须落到城乡社区”，但在建设“党委领导、政府负责、社会协同、公众参与、法治保障”的社会治理体制实践中，社会协同、公众参与始终处于相对薄弱的地位，基层自治真正落实依然任重道远。在城乡社区治理中，“干部说群众听、干部要求群众干”的现象较为普遍，社区行政化倾向依然明显。在诸多社区事务中，行政事务占据社区干部大部分精力和时间，社区俨然异化为政府附属机构，其自治功能和自治活力被弱化。

面对此种情境，基层干部对于自治怀有三种不同心态。一是依赖心态。受一元化社会管理思维影响，上级政府习惯以建议的名义直接推进基层具体事务。这种治理模式不仅限制了基层自治功能的发挥，而且也使部分基层干部养成“等、靠、要”“搬、套、抄”的思维惯性，甚至以“多做多错，少做少错”为自己的不作为行为开脱。在该思想主导下的城乡社区，自治意识缺失成为自治面临的最大障碍。二是赞同心态。与依赖心态不同，该类基层干部深刻认识到基层自治的重要性以及难点、痛点，并期望政府能够赋予其更多的基层事务自治权，使其能真正做到因地制宜地发展。正如一村支书所感慨的，“中央出台的各种惠农政策就好像一桌满汉全席，十分诱人，但都堆积在喉咙，没有进入胃里消化”，而要“消化”，就必须尊重基层自治，使各类政策适应当地气候水土，并生根发芽。三是矛盾心态。持这一心态的基层干部一方面看到了传统管理模式的弊端，认为激发基层自治活力，建立共建共治共享的社会治理格局乃时代大势所趋；另一方面，他们对基层自治前景存疑，唯恐自治成为引发社会冲突和社会不稳的隐患。因此，其行为也表现出摇摆性和矛盾性。

这种对于基层自治的顾虑可从风险社会所面临的多元化社会风险与基层有限治理能力的矛盾加以解释。一是基层防范和化解多元社会风险的能力不足。现代社会不仅面临传统安全风险，也面临非传统安全风险；既需要面对内部安全问题，又需要面对外部安全挑战。正如党的十九大报告所言，世界面临的不稳定性不确定性突出，世界经济增长动能不足，贫富分化日益严重，地区热点问题此起彼伏，恐怖主义、网络安全、重大传染性疾病、气候变化等非传统安全威胁持续蔓延，人类面临许多共同挑战。与此相对的是，理念的滞后、治理结构的僵化、自治组织的功能有限使基层自治能力与水平尚未达到能有效抵御社会风险的要求。二是大数据时代下的基层治理理念与治理能力面临挑战。如何更好地运用“互联网+”技术是目前基层治理中需要考虑的新课题。信息安全、网络社会治理、舆情引导、专业人才培养、新技术运用等都成为其需要考虑的问题。虽然一些城乡社区借助现代信息技术开展智能社区建设，以推进社区服务智能化、专业化和精细化，但仍有部分基层干部对网络运用所带来的治理结构、治理内容和治理方式的变化缺乏充分的心理准备和知识、技能与人员储备。因此，他们尽管意识到信息社会所带来的各种新变化和新挑战，但受限于自治能力的不足，只能沿用传统的治理理念和模式去处理所遇到的问题。

由此看来，如何提升基层自治能力成为治理重心有效下移的关键。在这个过程中，培育自治组织、提升自治能力是推进基层治理能力现代化的重要环节。在具体实践中，部分地区已经着眼于本地需求与资源，围绕激发自治活力、培育自治组织、创新自治德治法治相结合的方式进行了一系列的探索和尝试，建立起不同的城乡社区治理模式。基于此，湖北社会治理体系研究中心、湖北省社会科学院社会学所在推进"社会治理双基工程"第三期工作中，选取了孝感市陡岗镇袁湖村、宜昌市秭归县茅坪镇陈家坝村和鄂州市峒山村为样本点，进行了为期一年多的实证跟踪研究，并从不同角度深入探索其在社会治理实践中所折射出来的基本经验和规律。袁湖村从尊重村民自主性、提高其自治效能感着手，创造性地提出"1+X"民主管理模式，将自治单位下移至自然塆和村小组，从而实现了乡村治理中村民从村治旁观者到积极参与者、干群关系从紧张到信任、村治效能从低效到高效的三大转变。陈家坝村基于"幸福村落"创建活动而形成的乡村自治模式通过在全村建立"双线三级"的村治组织体系、开展公益创投项目、推进"积分制"量化管理、成立内生型村民社团等举措，不仅在乡村内部建立起公共参与激励机制，而且减少了乡村发展的对外依赖性，体现出不同以往的农村治理新思路。峒山村则积极探索城乡融合发展的乡村振兴之路，对城乡融合中的城乡关系重塑、城乡体制机制创新、产业体系建立以及基础设施和公共服务体系建设进行了探讨。

"双基工程"已经走过三个年头，第四辑著作仍将继续秉承前三辑所提之基本观点和原则：在研究理念上，"坚持共性个性的统一，通过系统、全面和深入的个性积累，揭示共性"。在研究对象上，"坚持突出具有一般性特征的对象研究，关注全面指导意义，强调共性主体原则，避免一叶障目；坚持突出具有特别性特征的对象研究，做到分类指导，因地制宜，增强社会实践的指导性；坚持突出具有典型性的对象研究，提升理性成果，指导社会实践”。在研究内容上，“既注重研究对象的全面性，又注重其个别特殊性，更加突出特殊性。始终在总结分析、研究提升和指导工作的基础上，把每一个研究对象在社会治理实践中所体现的特殊性，尤其是所面临的重要问题的破解作为研究的重中之重”。在研究方法上，注重专题研究、追踪研究和开放研究相结合。“在问题导向的引导下，以解决好我国当前社会治理实践中所面临的突出问题为目的，按照轻重缓急、分类研究的原则，确定重点内容和领域，分阶段、分类别地集中力量展开专题研究。”

一微尘可观大千世界，一滴水可见日月天光。三年来，湖北省社会科学院社会学所“双基工程”课题组的青年学者们，在对社会样本进行麻雀剖析的基础上，对城乡社区治理研究的相关领域进行了持续而谨慎的探讨。其不足之处欢迎各专家学者和社会工作实践者们不吝赐教！

是为序。

2019 年 3 月

前　言

村民自治作为我国乡村治理的一项基本社会政治制度，有着近40年的历史。1980年广西壮族自治区宜州市合寨村村民创造性组建了村民委员会，当时的这一创举被视为村民自治的雏形，合寨村也因此被称为“中国村民自治第一村”。1988年6月起试行实施《中华人民共和国村民委员会组织法》，正是这部法律的出台和实施让村民自治走上了法律化、规范化、制度化的轨道。村民自治制度可以简单地概括为：广大农民群众直接行使民主权利，依法办理自己的事情，创造自己的幸福生活，实行自我管理、自我教育、自我服务。以村民自治为基础，广大农村在经济发展、社会保障、公共服务体系建设、生态环境保护、社会治安综合治理等各项事业上都取得了显著的成果。在30多年后的今天，党和政府依然十分重视村民自治制度建设与发展。2016年11月由国务院发布的《“十三五”脱贫攻坚规划》中明确指出要创新体制机制，完善村民自治制度，健全党组织领导的村民自治机制。习近平总书记在十九大报告中明确指出：必须坚持和完善基层群众自治制度；健全自治、法治、德治相结合的乡村治理体系；实现政府治理和社会调节、居民自治良性互动。2018年中央一号文件提出“深化村民自治实践，坚持自治为基，加强农村群众性自治组织建设，健全和创新村党组织领导的充满活力的村民自治机制”。这种重视一方面是基于村民自治作为基本社会政治制度的基础性地位，另一方面则是出于对村民自治发展至今依然存在一系列问题的关注关切。

随着农村经济社会发展变迁，当前我国乡村自治逐渐引起了包括政府、学界在内的社会各界的广泛关注，例如基层自治组织行政化、自治所需的人力物力财力不足、基层民主扭曲变质等，这些问题使得部分农村的自治组织、自治体系异化，由村民自治的支持力量反过来蜕变成村民自治的阻碍，背离了村民自治的初衷。原本从农村社会的泥土中生长出来的民主制度，却呈现出一种脱离农民、脱离农村自治事务的趋势。因此，针对村民自治做出的调整和改革，无一例外都指向了自治中存在的问题，都旨在回归村民的自我管理、自我服务、自我教育乃至自己当家作主的本质。

陈家坝村是湖北省宜昌市秭归县茅坪镇治下的行政村，是秭归全县率先实施“幸福村落”建设的村落之一。陈家坝村在秭归县委、县政府的推动和指导下，通过在全村建立“双线三级”的村治组织体系、开展公益创投项目、推进“积分制”量化管理、成立多种农民自组织、订立村规民约等等一系列创新性的举措，完善了自治体系，健全了基层民主制度，发展了农村经济，美化了村容村貌，改善了生态环境，激发了村民参与公共事务的积极性，使得陈家坝一改过去债务繁重、卫生环境恶劣、村民“等、靠、要”思想严重的落后面貌，摇身变为一个充满活力的幸福村落。可见，陈家坝村的乡村治理实践，对于完善农村社区治理体制、促进农村基层民主、破除村民自治面临的各种障碍具有重要的启发性意义。

在以往的调研过程中我们发现，许多农村社区的发展与兴旺往往依赖当地某一类或某几类特色产业（一般是种植业、养殖业），由此带动农业、农产品加工业与乡村旅游的发展与产业间的融合。这种发展模式无疑在推动农村经济社会发展方面效果显著，但也存在较为依赖农产品市场和旅游市场、对于基层治理自治体系影响较小等弊端。而陈家坝村基于“幸福村落”创建活动而形成的乡村自治新模式则是通过扩展村治组织体系、成立内生型村民社团、建立民众公共参与激励机制等一系列综合性措施而实现的，较前者而言对外依赖性更小，对农村经济社会产生的影响更为全面立体，代表了一种不同的农村治理改革思路。因此，秭归县陈家坝村的乡村治理实践激起了我们的研究兴趣，本书通过对陈家坝村以“幸福村落”创建活动为主的乡村治理实践的研究，尝试从中总结出一种乡村自治的新模式，提炼出对乡村治理创新与基层自治发展有借鉴意义的治理经验，为基层治理模式创新研究提供典型范例和样板。整理、总结“幸福村落”创建的经验，不仅对我国基层社区治理、乡村振兴等方面的研究具有一定的理论价值，也对我国农村基层自治实践具有借鉴和启发价值。

村民自治制度作为我国农村治理的基础性制度安排，发展至今已近40年。可以说，我国村民自治制度摸索、建立与发展的进程伴随着我国改革开放的历史进程一路走来，村民自治也必将在创新中逐步纠正、完善并适应新的时代特征，并将最终推动我们广大农村实现全面振兴与繁荣。

编　者

2018年10月

目　录

第一章　村民自治的过去、现在和未来

作为我国基层民主制度，村民自治已经风风雨雨走过了30多年的历程，在此过程中，得到不少称颂，也遭受诸多质疑，现在还面临着各种困境。为了促进该制度的不断完善进而发挥更大作用，也为了研究湖北省秭归县陈家坝村乡村自治的背景，有必要将我国村民自治的产生初衷、实践现状、何去何从等问题梳理清楚。

第一节　村民自治的溯源

村民自治是在特定历史条件下由农民自发创造，经过政府的大力推广而逐步普及并走上法制化轨道的。

一、产生背景

新中国成立后，为了巩固新生政权和尽快改变国家积贫积弱的面貌，我国实行优先发展重工业和农村支援城市的战略。为了尽可能多地从农村汲取资源，国家在农村实行“政社合一”的人民公社制度，将农村的生产生活有效纳入国家控制。这种高度集中的体制，为工业化发展积累了大量资源，做出了巨大贡献，但一定程度上也挫伤了社员的生产积极性、降低了农业产出，导致农村经济的停滞和农民的大面积贫困。在生产关系严重阻碍生产力的发展、现有生产方式不能满足最基本的生存需求时，20世纪70年代末，安徽小岗村的农民发明了“土地包产到户”生产模式，极大激发了农民的生产积极性并得到了中央的充分肯定。随着分户经营的家庭联产承包责任制的推广，早已风雨飘摇的“三级所有，队为基础”的人民公社体制不得不以解体告终。在新旧体制交替的时期，先前的权力体制被打破，大队、生产队两级农村管理组织瘫痪，国家权力从农村收缩，农村基层组织和政治权力一度出现了“真空”，村庄秩序出现混乱，公共事务无人管理。出于应对农村面对的社会治安、纠纷调解、公益事业发展等目的，1980 年广西壮族自治区宜州市合寨村的村民创造性组建了村民委员会，在自己的村庄通过选举决定村庄首领，这一创举得到当地领导的重视并经过实证调查后上报中央，中央领导认为这是一个不错的农村治理替代制度，这就是后来被彭真同志称为“农民群众的伟大创造”的村民自治雏形。

二、推进过程

1982 年底修改实施的《中华人民共和国宪法》第 111 条确认了村民委员会的合法地位，规定：“城市和农村按居民居住地区设立的居民委员会或者村民委员会是基层群众性自治组织。居民委员会、村民委员会的主任、副主任和委员由居民选举。”1985 年全国建立的村民委员会数量为 94 万余个，不过，此时各地的探索方式多姿多彩、建立的自治组织名称各异，直到自 1988 年 6 月 1 日起试行实施的《中华人民共和国村民委员会组织法》，才让全国的村民自治变得规范并进入法律化和制度化的运作阶段。随后，在实践过程中，自治的形式和内容逐步丰富，一些地方创造了村民代表会议，为人口众多、居住分散、人口流动频繁、村民素质参差不齐的乡村解决了召开村民大会不易的问题。1990 年 9 月，民政部印发《关于在全国农村开展村民自治示范活动的通知》，肯定了村民代表会议的作用和意义，继而村民代表会议在农村迅速发展起来；1998 年 4 月，中共中央办公厅和国务院办公厅下发了《关于在农村普遍实行村务公开和民主管理制度的通知》；1998 年 10 月，党的十五届三中全会审议通过《关于农业和农村工作若干重大问题的决定》，要求进一步扩大农村基层民主，全面推进村民自治，这有力促进了农村基层民主政治建设。2004 年，中共中央办公厅、国务院办公厅下发的《关于健全和完善村务公开和民主管理制度的意见》，对落实农民群众的知情权、决策权、参与权、监督权予以全面部署和详细安排，为农民依法维护自己的民主权利提供了保障。2010 年 10 月 28 日公布了新修订的《中华人民共和国村民委员会组织法》（以下简称《村民委员会组织法》），与修订之前相比，增加、细化、修正和完善了不少内容，使之与我国农村实际结合得更紧密，更具有现实针对性和操作性，使村民自治制度得到进一步完善。

三、功能定位

按照《村民委员会组织法》的规定，村民自治的功能包括三个方面，即行政性功能、经济性功能和自治性功能。其中行政性功能主要指协助乡镇政府的行政工作；经济性功能指管理集体资产、村办企业等经济性事务；自治性功能指村庄治理，即通过民主选举、民主决策、民主管理、民主监督的方式实现自我服务、自我管理、自我教育的目的。在自治性功能中，民主选举是前提，任务是按照《村民委员会组织法》的要求，以直接选举、平等选举、差额选举、无记名投票等方式和原则，把村民真正拥护的思想作风正派、文化素质高、办事能力强、热心为村民服务的乡村精英选进村级领导班子，组成村民委员会，构建权威有力的村级自治组织。民主决策是村民自治的重点。民主决策就是为了减少决策失误和增加决策的群众基础，凡是村里的大事必须广泛听取村民意见，经过村民大会或村民代表会议讨论、协商、协调后确定。民主管理是村民自治的途径，即通过民主选举、民主评议、村务公开、财务审计等手段对村级事务进行管理。民主监督是村民自治的保障，也就是将涉及群众切身利益和群众普遍关心的事情适时向村民公开，接受群众监督。

第二节　村民自治的成效评价

如果从1980年全国第一个村民委员会在广西出现算起，村民自治作为一种农村基层民主形式，已存在近40年了；如果从1987年《中华人民共和国村民委员会组织法（试行）》的颁布算起，村民自治作为国家法律确立的社区治理形式，也有30余年的历史了。30多年来，村民自治这个既有利于国家对农村治理，又将农民从人民公社制度束缚下解脱出来的制度，在党和国家的推动下及广大农民的自发创造下，日渐深入乡村，成为亿万农民的政治自觉，并在提高农民素质、促进基层民主发展和推动农村经济社会全面进步等方面取得显著成效，被列为改革开放以来继家庭联产承包责任制之后农民的又一伟大创举。

一、增强了广大农民的民主意识

作为历史上高度专制的农业国，我国缺乏民主的基因，尽管近代以来不乏仁人志士对民主的追求，但民间社会和普罗大众距离民主很远。新中国成立后，党和政府致力于民主制度建设，但由于缺乏对农民进行民主意识的培育，直到20世纪80年代，我国农民的民主意识依然十分淡薄。

民主的实现除完备的法律制度保障之外，民主主体的民主意识必不可少，因为有民主意识才会自觉地参与，没有民众的参与，无论多么完备的民主制度也只能空有其名。村民自治犹如一场民主启蒙运动，正好弥补了我国民主政治建设的短板，它凭借自下而上的民主化路径，把民主的理念和程序扎根于农村；通过民主选举、民主决策、民主管理和民主监督四大内容来培育农民的民主意识、教会农民民主方法，让农民更好地行使自己的民主权利，毫无疑问，这是个巨大的历史进步。尤其是在三年一次的村委会民主选举过程中，村民按照法律程序选出自己心目中合格的村民委员会领导及成员，真真实实地体验了民主选举，将民主从理念变为实践。可以说，经过民主实践的洗礼，农民在思想观念、行为方式、政治态度等方面都有很大变化，权利意识、民主意识开始觉醒并逐渐潜移默化为民主习惯。

二、训练了基层群众的民主能力

村民自治是农村民主化改革的试验场。在这里，农民真实体验了选举的实际操作过程；学会了参政议政、民主监督的技能；掌握了如何表达诉求、如何谈判协商、如何与持不同意见者沟通、如何妥协和让步等方面的技巧；创造出了村民代表会议、“海选”、秘密写票、公开唱票、当场公布选举结果、村务公开等新规则。不仅如此，还知道拿“民主”这个武器来维护权益，比如一些地方的村民在维权遇阻的时候，出于对村干部失去信任而建议罢免、撤换不称职不尽责的村委会领导，有的甚至启动投票罢免程序并成功将村民自己选出的代理人“赶下台”。总起来说，基层群众在30多年村民自治的过程中，对民主从无知到有知、从被动参与到主动运用，弄明白了什么是民主、怎样才算民主、如何行使民主权利，长期磨炼让民主能力得到训练和提升。

三、助推了基层民主的发展进程

尽管目前村民自治实践还算不上一种成熟的民主形式，但对基层民主的发展能起到促进和推动作用，这主要表现在三个方面。

（1）农民的权力观念得以增强。在《村民委员会组织法》的保障下，广大农民参与村务治理和社区政治活动，行使了自身的政治权力，更重要的是，从未正式经历过选举的农民，渐渐开始认知、适应、掌握、创新选举的规则和程序，这个过程加深了农民对权力和权力合法性的理解。

（2）基层政府从动员者变为指导者。村民自治刚推行时，由于村民普遍对选举缺乏兴趣，为确保选举顺利进行，政府需要派人出面动员村民参加选举投票；并将村民的投票参与率作为分工负责人的考核指标，甚至为吸引村民参与投票而想出发放误工补贴或抵义务工的招数。后来，随着村民自治的深入推进，政府不再需要出面动员，而是变为确保选举公平性和合法性的指导者；选举动员的事情只需要候选人去做了，通过提前拜访、发动和选举当天的通知、协助，确保选举人数达标。政府在选举过程中的角色变化，是选举进程走向成熟的体现。

（3）基层民主建设达到一定高度。村民自治的实行，让农民的民主权利变为现实，为农民当家作主找到了一条途径；农民依法进行民主选举、民主决策、民主管理和民主监督，使基层民主形式日益丰富；农村在政治阻力小、社会成本低的情况下探索民主，能够减少实践成本、浓厚民主氛围、传播民主观念；农民依法争取和维护自己的权益，可以有效防范基层腐败、化解民间纠纷。

四、积累了依法治国的宝贵经验

村民自治既是一场民主实践，也是一场法律实践。村民自治的推行，实际上就是《村民委员会组织法》的贯彻实施，因为村民委员会换届选举的依据、原则、程序、效力等都来源于《村民委员会组织法》，并且还可以根据该法确认选举的合法性甚至要求重新组织选举。在《村民委员会组织法》的实施过程中，农民通过学法、知法、懂法，知晓了自身应该享有的权利和必须履行的义务，并逐步运用法律行使自己的权利、保护自己的权益；村支部和村委会，也逐渐掌握法律知识并按程序规范办事、用制度管人管事、依法依规开展工作。这种基层治理手段和治理方式的改变，既让农村治理走上了法治化轨道，也为依法治国奠定了坚实基础、积累了宝贵经验。

第三节　村民自治的困境呈现

实行村民自治之后，村民委员会成为村民的自治组织，村民在政府的指导下自主治理村庄，村民成为村庄的治理主体。村民自治是针对农民在农村单纯从事农业生产而设计的，然而，随着市场经济的发展，农村已经发生天翻地覆的变化，社会结构、人口结构、经济结构都与往日不可同日而语，这些变化冲击了村民自治的原有社会基础，使村民自治呈现出许多无力状态，陷入了前所未有的困境。

一、三种关系没有处理好

村民自治的初衷是让农民自我管理、自我教育、自我服务，可由于三种关系在实践中难以厘清，导致自治的精力有限、自治的过程不顺、自治的效果欠佳。

（1）乡镇政府与村民委员会的关系出现错位，村委会被异化为准政府机构。实行村民自治之后，农村治理格局为“乡政村治”，于是农村存在两种权力：国家赋予乡镇的行政管理权和村民的自治权，前者的目的是将国家行政管理传递到农村基层，后者的目的是让村民对村庄进行自我治理。《村民委员会组织法》第五条规定：乡、民族乡、镇的人民政府对村民委员会的工作给予指导、支持和帮助，但是不得干预依法属于村民自治范围内的事项，同时，村委会要配合乡镇政府的工作。也就是说镇政府与村民自治组织之间没有上下级关系，而是指导与被指导的关系，或者说乡镇的行政管理权和村民的自治权应该是相互独立的。然而在实践中，乡镇政府由于种种客观原因，对于村民自治经常性越位干预：一是乡镇政府利用各种办法影响选举，确保村委会选举选出乡镇政府物色的候选人。二是乡镇政府为了维护自己的施政能力，以“不让村级产生新的债务”或者防止村委会成员贪占挪用村级资金和增加农民负担的名义，规定村级组织的转移支付经费不由自己管理，而由乡镇政府代管，即“村财乡管”，虽然这种制度对于防止基层腐败、发生新的债务起到了一定的阻断作用，但从自治根本制度建设的方向上看，存在一系列弱化自治功能问题。三是国家进行社会主义新农村建设之后，一些用于改善农村基础设施的资金都要通过乡镇政府划拨，直接参与村级建设事宜。经费及资源配置的依赖，使村委会处于乡镇政府的从属地位，村委会的自治权因此受到限制。四是各级乡镇职能部门，为了推进工作而将大量的党务、政务下派给村级组织，村级组织办理了大量非自治性事务，各种名目繁多的挂牌、考核评比、达标创建、台账报表等工作让村级组织成员疲于应付。这种“上面千条线，下面一根针”的情形或者说这种来自政府的控制，把村委会变为“准政府机构”或乡镇政府的“代理人”，使村务工作呈现出“行政化”“机关化”，影响了自治功能的有效发挥，导致村委会组织村民开展自治的时间被挤占，村民自治出现走向形式化和虚化的趋势。

(2) 村党组织与村民委员会的关系难协调，增加了村民自治的难度。农村村党支部和村委会二者之间的关系一直以来成为村民自治理论与实践探索的敏感问题。其原因主要是由于《村民委员会组织法》与《中国共产党农村基层组织工作条例》对村党支部“领导核心”的权力范围和村委会自治的权力范围均没有划分清楚，实践中难以把握。比如：《村民委员会组织法》规定“中国共产党在农村的基层组织，按照中国共产党章程进行工作，发挥领导核心作用；依照宪法和法律，支持和保障村民开展自治活动、直接行使民主权利”。《中国共产党农村基层组织工作条例》第九条，规定“村党支部的职责是讨论决定本村经济建设和社会发展中的重要问题。需由村民委员会、村民会议或集体经济组织决定的事情，由村民委员会、村民会议或集体经济组织依照法律和有关规定做出决定”。从这些规定可以看出，到底党支部在哪些事情上发挥领导核心作用，支持和保障村民开展何种自治活动？哪些事情是本村的经济建设和社会发展的重要问题？这些问题在理论上似乎可以说明确，但在复杂的实践中却难以把握，权力边界与关系不清晰。同时，《村民委员会组织法》第二条赋予村委会“办理本村的公共事务和公益事业、调解民间纠纷、协助维护社会治安、向人民政府反映村民的意见和提出建议”等职权。显然，村委会的工作是以国家法律授权为依据的，在法律上还没准确地明确在履行这些权力过程中与村党组织如何理顺关系。

这种状况在实践中必然影响工作的统一性，现实中呈现五种不良倾向：第一种倾向是有的村支书过分强调党的领导，往往以党支部委员会代替村民委员会，统揽全部村务，架空村委会，使村民民主选举产生的村委会形同虚设；第二种倾向是部分村民委员会一味强调自治而漠视党支部领导，甚至故意拆台；第三种倾向是村委会与村党支部长期争权，互不相让，有利可图的事情争着管；第四种倾向是村委会主任不接受党支部书记的领导，形成书记管党务、村主任管村务的“两张皮”现象；第五种倾向是村委会和村党支部相互推卸责任的“两不管”现象，致使村级公益事业无人管理，村民有事无人可找，村级发展处于停滞状态。

在实践中这种“内耗”现象严重阻碍了村民自治的发展。为了从体制上解决这个矛盾，一些地方实行村党支部书记与村委会主任“一肩挑”，虽然这个办法在一定程度上缓解了矛盾，但也随之出现了新的问题，那就是权力集中到一个人身上，与民主体制中的权力分散原则不符，况且有的村选不出能够身兼两职且有威信的能人，有的村没有愿意既当书记又当主任的强人。更重要的问题在于容易让村民对基层民主自治制度产生误解，造成基层自治民意民愿基础弱化。所以，村党支部和村民委员会之间的关系至今仍然是基层组织建设令人头痛的问题。

（3）村民委员会与村民会议、村民代表会议的关系别扭，颠倒了村民与村干部之间的监督逻辑。《村民委员会组织法》第二条规定“村民委员会向村民会议、村民代表会议负责并报告工作”。这说明村民会议及村民代表会议是村民自治的权力机构，村民委员会是村民自治的执行机构，村民会议、村民代表会议与村民委员会之间是监督与被监督的关系。然而，村民自治实行30多年的实践证明，村民民主选出的村干部不一定都会好好为村民服务以回报推选他们上台的村民，即便村干部不尽职尽责的情况下村民可以提出罢免村干部的建议，但真正罢免成功的很少，原因是《村民委员会组织法》第二十一条规定“村民会议由村委会召集”，如果村委会主任不愿意召集，罢免的意愿就无法实现，除非群众越级上访后上级政府出面干预。也正因为这样，有些村干部一上任就把当初的承诺和权力的委托者忘记到九霄云外，对村民不在意，对职位无敬畏。

二、四样民主发展不平衡

村民自治包括民主选举、民主决策、民主管理和民主监督四个要素。民主选举是村民自治的基础，也是村民行使自治权的最直接体现。随着民主选举逐步法制化、规范化，村级民主选举已经实现了由“指选”向“海选”、由“等额选”向“差额选”、由“间接选”向“直接选”的转变。民主决策是村民享有自治权的核心，村民通过民主决策参与村级重大事务的商讨，改变了过去村干部包揽村务而村民无从参与的局面。民主管理体现了村民在乡村治理中的主体地位，促进村级事务管理从少数村干部特权向全体村民共有权的转变。民主监督是村民自治的有力保障，因为村民委员会受全体村民的委托管理具体村务，在村民的监督下，村委会干部定期述职、向村民会议或村民代表会议报告工作，适时将村级重要事情向村民公开。

本来民主选举、民主决策、民主管理、民主监督应该齐头并进，但事实上这"四个民主"的发展极其不平衡，表现为"民主选举"单方突进，其他三个"民主"明显滞后甚至被弱化被虚化了。也就是说，村民自治的重点放在民主选举这个环节，选举之后的三个"民主"被忽略，结果是"选举时热火朝天，选举后冷火秋烟"。

四个民主发展失衡的根源在于村民参与不足，村民没有在自治中发挥主体作用。这既与村党支部、村委会的组织不力有关，也与村民自身的不热心有关。四个民主发展失衡，村民自治效果肯定差强人意，村级公共服务不足、经济发展落后、少数人自治，村民利益受损成为必然。尽管2010年新修订的《村民委员会组织法》从降低村干部罢免门槛、增设村务监督机构、增加村委会成员离任时的经济审计等方面弥补了四个民主发展不平衡的不足，但要从根本上实现四个民主平衡发展，还需要法律制度上的进一步跟进。

三、五种力量明显欠缺

村民自治需要一些条件做后盾，比如人力、财力、能力、动力、活力，缺任何一项都会难以为继。很长一段时间以来，村民自治之所以起色不大，上述力量的缺乏是缘由之一。

（一）人力缺乏

"合村并组"是21世纪初村级行政区划的一次大变革，此项改革的直接动力是农村税费改革，目的是减少村干部职数进而减少财政支出、改变原来基于人民公社和生产大队而建立起来的微型化村庄布局、降低基础设施建设的重复率进而提高资源的利用系数，等等。实践证明，合村并组拓展了新农村建设的空间范围、改善了村干部的结构、缓解了村级组织臃肿而办事效率低下的问题。然而，一些负面问题也随之而来。其中之一就是村干部数量大量裁减，大多数村只有村支书、村委会主任、妇代会主任、会计4人，村干部往往身兼多职，可是每个村的管理地域扩大了几倍、管理人口大幅增加，加上新上任的村干部对于新划进来的外村村情村务不熟悉，在自己的非熟人圈子威信不够，致使村干部的工作强度和难度加大，公共服务需求的满足大打折扣，村民不满情绪由此产生，村干部畏难情绪不断加重。

（二）财力缺乏

一个组织的正常运转需要足够经费保障必备的办公条件、足额的基本工资、必需的活动开支，否则组织便不可能存续下去。村民委员会作为基层群众性自治组织，肩负着维护村庄秩序、供给社区公共产品、促进本地经济发展等重任，要想不折不扣履行好自身职能，首先要确保运转正常。对此问题，各级政府虽然做出了很大努力，但由于受财力所限，许多村民委员会一直还处在运转困难状态。

首先，2003 年农村税费改革之后，农村因取消“三提五统”而出现支出缺口，为保障村级组织的正常运转，国家采取财政转移支付的方式来补贴乡村。村级组织账户上的经费主要用于支付村干部工资、宣传版面费、办公场所维修费、水电费、卫生费、电话费、差旅费等日常工作中的硬性开支。尽管转移支付的补助标准在逐年增加，但由于物价上涨、村级公共服务需求日益增长，致使村级转移支付与实际经费需求之间的差距一直很大。有限的转移支付难以维持正常运转，更谈不上公益事业的投入。

其次，许多传统农业型村庄的集体经济薄弱乃至解体消失，经营性收入微乎其微甚至成为无集体资产、无集体收入的“空壳村”，村庄公共事务没有资金来源，即使村干部想为民办事也因苦于“巧妇难为无米之炊”而显得力不从心。

再者，农民本身收入低且不稳定，务农的靠天吃饭、务工的捉襟见肘，纵然有少数致富精英想对农村公益事业尽力，但也因投资大而选择放弃的居多，从大面积农村角度看，目前依靠农民自己提供公共服务的可能性还不完全具备。

（三）能力缺乏

治理能力是提升村民自治活动质量的重要保障，而治理能力源于优秀人才。本来农村不乏有知识、懂技术、受群众欢迎的乡贤，他们完全可以为乡村治理贡献能量，可由于农业收入太少、工资性收入在农民收入中的比重越来越大，绝大多数身强力壮的农民选择外出务工或经商，农村人才流失相当严重。农民外流之后，常住乡村的人口数量骤减，留守人口基本上是老人、妇女和儿童。

人口结构的变化必然影响村干部选举。有能力带领村民治理村庄的合适人选往往不愿意回乡参选，特别是地处偏远、集体经济弱势的乡村更明显。许多乡村的干部队伍结构不合理，整体趋于老化，有的村主职干部在位长达几十年，其中部分干部是因为的确做出了成绩而多次被群众选出连任，但也不能排除部分村是由于无人可选。如果无人可选，不得不“矮子里面挑将军”，有可能选出文化水平偏低、政策水平不高、致富技能缺乏、服务态度消极的村干部，在其任职期间抱着“守摊子、混日子”的心态，治理结果必将是难以令村民信服、难以有所作为、难以提供有效公共服务、难以调动村民的自治积极性，有的可能因为不懂法而决策主观随意、工作不按章办事、矛盾调解不公甚至为政不廉、胡作非为。

除村干部的能力有限之外，村民自身也因为文化水平低、竞争意识弱、治理知识少、信息了解滞后、政策认识不清、年龄大体质弱等原因而缺乏自主开展村民自治的能力。

尽管近些年，大学生村干部在一定程度上充实了村干部队伍、改善了村干部结构、给乡村注入了新鲜血液，但也存在对村情不太熟悉、不容易融入村民生活、流动性较大等弊病，需要相关配套政策的进一步完善。

（四）活力缺乏

实行村民自治的初期，农村以种植业为主业，养殖性和加工业只是自给自足的副业，那时，经济单一、收入也单一，农民固守在农村，对土地和乡村十分依赖。市场经济逐渐成熟和繁盛之后，农村由封闭变开放，经济意识、竞争意识浸染了农村这块净土。农村开始发展手工业、加工业、养殖业等多种经济形式，乡镇企业也异军突起。大量农民转战非农产业，经济收入从单一变得多样，农民对土地和村庄的依赖减弱，注意力集中到发家致富上，对乡村的公家事情越来越少关注。单从自治制度施行现状角度看，近些年来主要表现在两个方面：

一是村民对三年一届的村委会换届选举并不热心，致使一些集体经济不发达、公共资源缺乏地方的村委会选举出现了“冷门”，村民对谁当村里的领导并不关心，村干部不是村民热衷的选择，这让村民自治一定程度上陷入了尴尬境地。

二是村民代表会议难以召开。村民代表会议制度是村民自治制度的重要创新。学界认为，由于相对于普通村民来说，村民代表的素质较高、更有责任感，所以村民代表会议在村民自治中的实际作用比村民会议更大。然而，有些地区，村民代表会议也有“会难开”的窘境。原因是多方面的，例如：村民忙于家务事，除非开会发放礼品或者务工补贴，否则不舍得花时间去开会；外出务工人员多，开会时回不来，在家的年老体弱，开会时来不了，导致很多时候村民代表会议达不到基本的代表人数要求，即使勉强凑齐人数，也因为走形式、走过场，代表没有真实表达自己的意见，村民代表会议变成了举手会，久而久之，大家都不愿意参加了。

村民是村民自治的主体，一旦村民和村民代表对自治漠不关心或者没有了热情，村民自治也就失去了生机与活力。

（五）动力缺乏

村干部是农民致富的领路人、乡村振兴的先锋队，长年工作在农村一线，既当指挥员又当战斗员。可是，由于种种原因村级干部的动力和热情出现衰减的担忧。

一是工资待遇普遍偏低，与外出务工、经商人员的收入差距很大，并且有的地方还拖欠村干部工资，退休之后的经济保障也没有得到妥善安排（有些地方给主职干部购买了养老保险，但对副职干部和离退休干部不予考虑），造成不少村干部的热情消减、动力消退。

二是由于村干部不属于国家干部之列，提拔和晋升方面只能下不能上，尽管个别地方允许从村干部中招录公务员，但由于公务员的标准高，很多村干部因年龄、学历等条件限制而很难入围。村干部上升渠道狭窄，转干无门、提拔无望，容易产生“到顶”的消极思想。

三是责任和权力不对称，让村干部失去动力。每个行政层级只有责和权对称，才能提高行政效率，有效行政才可持续。然而现实工作中，层级越低，权力越小，责任越大。在压力型体制下，村委会变异为乡镇政府的“从属机构”“代理机构”，只要收到一个红头文件，村干部都需要去落实。软绵绵的权力面对硬邦邦的任务指标，村干部无所适从，感受到很多压力。

四是“空壳村”的干部因为无法实现自身价值而失去动力。财源充足的村庄，村干部有足够的财力支持自己展示才能、兑现承诺和实现梦想，工作劲头十足，但没有集体经济做后盾的村庄，村委会运转困难，村干部的自治设想无法实现，不仅对村民无法交差，自己也没有丝毫成就感。

四、六个方面异化现象

这里的异化指村民自治中的某些方面与制度设计者的初衷及理想要求相

去甚远。

（一）治理主体异化

根据《村民委员会组织法》，村民自治的主体是全体村民，村委会是代表村民行使自治权的机构，真正的自治离不开村民与村委会的互动。但现实往往事与愿违，一些村干部热衷于追求自治把控权和村内资源的支配权，一些村民因为看不到村民自治给自己带来的利益、对自治的远景看不清楚等原因而对自治抱着无所谓的态度甚至放弃自治权利，导致村民自治的主体异化为“少数人”，比如村委会主任、村支部书记、有一定社会关系且有丰富物质资源的乡村精英，久而久之，村民自治变成了“村主任自治”“村支书自治”或者“族长自治”“精英自治”，完全违背了村民自治的民主理念和法治精神。

（二）主要功能异化

《村民委员会组织法》第二条规定，村民委员会的主要功能是“自我管理、自我教育、自我服务”，“办理本村的公共事业和公益事业”；《村民委员会组织法》第五条还规定，村民委员会要“协助乡、民族乡、镇的人民政府开展工作”。不难看出，村民委员会的主要功能是自治，次要任务是协助乡镇完成一些行政工作，或者说，村民委员会首先是村民的“当家人”，然后才是乡镇政府的“代理人”。可在实际运行中，不少村民委员会本末倒置。一是自治功能向行政功能异化。把行政工作提升为主业，把自治工作降低为副业，只有在完成乡镇行政任务之余才想起村内自治事务，这在经济落后、对乡的镇依赖性强的乡村表现得更为突出。二是自治功能向经济功能异化。《村民委员会组织法》第八条规定，村民委员会具有“支持和组织村民依法发展各种形式的合作经济和其他经济”“管理本村属于村民集体所有的土地和其他财产”的经济功能。发展经济和带领村民脱贫致富，本是村民委员会的分内之事，但在部分集体经济实力较强的乡村，有的村级组织片面强调经济功能，对经济组织的事情十分重视，而对自治业务极为忽视，村两委主要领导甚至亲自挂帅集体经济组织，这难免有“政企不分”和“主次不分”之嫌。

（三）权力性质异化

村民委员会的权力来自广大村民，冲着这份沉甸甸的信任，村干部本应该为广大村民办好事、办实事，但事实上，不少村干部上台就忘本，要么禁不住利益的诱惑，将村民赋予的权力变成为个人捞取好处的资本，要么欲望膨胀、得意忘形，将村民委托的权力变为鱼肉百姓的工具。这样一来，村干部就从群众的“公仆”变形为中饱私囊的“苍蝇”，曾经信誓旦旦的诺言成为真真切切的谎言。一旦村干部“变心”了，便很长时间不召开村民会议，即使迫于形势偶尔召开一次，也是走过场，村民的建议几乎不会被采纳，常常对持不同意见的村民采取“忽悠”对策，村民依法赋予村干部的神圣权力严重走样、扭曲。

（四）村民选举异化

村民选举异化从贿选和宗族干涉两方面可见一斑。虽然在集体经济薄弱的中西部农村，村民对当选村干部并不热心，但在经济发达、资源丰富的东部地区的农村，村支部书记和村民委员会主任这两个职位还是挺有吸引力的，尤其是书记和主任一肩挑的岗位更是“香饽饽”。为了坐上这个有利可图的宝座，有些人在换届选举中使出浑身解数。有的候选人不惜拿出礼物或“红包”换取选票，曾经有乡村一夜之间村民全部抽上了名牌香烟。在权利意识比较淡薄的情况下，村民不珍惜本该十分宝贵的选举权利，有可能因为小恩小惠而出卖选票。另外，有的候选人仗着宗族势力强大，通过暗示、打招呼、虚假承诺、暴力威胁等不正当手段影响选民投票。一旦这些投机分子趁机上位，极容易变为“村霸”并拉帮结派形成利益团伙，横行乡里。如果那些真正德才兼备、符合群众意愿的精英无法选进村两委班子，劣迹斑斑的人却把持基层权力，这注定村民自治是竹篮打水一场空。

（五）决策程序异化

村民自治的第一步是民主选举，目的是选出有能力、群众信得过的人去带领村民治理村庄，但这并不意味着农民弃权，所以遇事要依法召开村民会议或者村民代表会议来共同商议、共同决策，而不能由村干部不顾群众的想法私自定夺。然而，实际运作过程中，民主选举之后的民主决策常常处于“被人遗忘的角落”，村民对于村里很多关乎自身利益的村务不知情，也很少有人征求他们的意见，往往“知道的事情都是不重要的，重要的事情不会被知道”。知情权无法保证，决策权更是免谈。决策过程不规范、决策权利被无视，村民处于自治的边缘，只是选举时被请出来“凑人数”。每当精心营造的热闹选举场面归于平静，村民自治也就差不多接近尾声。

（六）村务公开异化

按照《村民委员会组织法》的规定，村民委员会要实行村务公开。村务公开指村民委员会把村民普遍关心的、涉及村民切身利益的重大事项，通过一定形式适时告知全体村民并接受村民监督的民主举措。当前，全国绝大多数农村都建立了村务公开制度并设立了村务公开栏，但村务公开在落实环节还存在许多被异化的情形。一是公开的时效性与规定不符。《村民委员会组织法》第三十条规定：一般事项至少每季度公布一次；集体财务往来较多的，财务收支情况应当每月公布一次；涉及村民利益的重大事项应当随时公布。调研中发现，不少地方公开的信息还是几年前的，根本没有按照规定及时更新，这样的村务公开起不到接受监督的作用，群众对这种形式化的公开十分不满。二是公开的内容有水分。比如有的财务公开要么记流水账，要么避重就轻不公开关键信息，要么数据加工后失去真实性。三是公开的形式不合理。信息化时代，许多村没有充分利用网络，仅仅公开于村委会墙上的公开栏，不去村委会的村民根本看不到，外出务工经商人员更是无法了解相关信息。

尽管《村民委员会组织法》第三十一条规定“村民委员会不及时公布应当公布的事项或者公布的事项不真实的，村民有权向乡、民族乡、镇的人民政府或者县级人民政府及其有关主管部门反映，有关人民政府或者主管部门应当负责调查核实，责令依法公布；经查证确有违法行为的，有关人员应当依法承担责任”，但如果村干部刻意遮掩、故意隐瞒村民，村民就根本无从知晓、无法核对已经公布的信息，即使有怀疑也没有向相关部门投诉的证据。长此以往，村务公开就形同虚设了。

第四节　自治困境的原因分析

村民自治之所以没有收到制度设计者预想的效果，甚至长期面临一些困境，是传统体制惯性、制度本身缺陷、治理条件改变等多方面原因共同所致。

一、传统体制惯性影响

中国有几千年的封建社会历史，官贵民贱、尊卑有序、等级森严的封建残余思想根深蒂固。新中国成立之后，为了巩固新生政权，党和国家加强了社会控制，建立起了权力高度集中的计划经济体制，并在农村基层推行

“政社合一”的人民公社制度。在这种“三级所有、队为基础”的农村社会治理格局下，“家长制”和“一言堂”司空见惯，封建社会的官本位思想不仅没有削弱，反而得到了强化。20世纪80年代以后，广大农村地区普遍推行村民自治制度，中央政府希望以此为载体在农村培育民主和法治精神。然而，受传统体制的惯性影响，不少村干部仍然把自己看作“官”，延续“一言堂”的工作作风和简单粗暴的工作态度。同时，村民由于在历史上长期卑微地处于“无权”的社会最底层，受封建残余思想毒害深重，尽管法律赋予自治权并鼓励村民行使权利，但大多数村民的参政热情没有被激发出来，依然习惯于依附顺从、冷漠观望。因而，广大村干部的理念偏差，使其对村民的自治权利置若罔闻；广大村民的思想观念落后，使村干部失去监督和约束。这样一来，村民自治必然变质走样和偏离轨道。

二、制度本身存在缺陷

当前，规范村民自治的基本法律只有《村民委员会组织法》，这唯一的法律制度虽然经历过修订却仍然不完善，使村民自治实践出现不少误区。

不少规定过于原则化且模糊不清。首先，《村民委员会组织法》第四条规定：“中国共产党在农村的基层组织，按照中国共产党章程进行工作，发挥领导核心作用，领导和支持村民委员会行使职权；依照宪法和法律，支持和保障村民开展自治活动、直接行使民主权利。”但是，村党支部在村民自治中如何发挥领导核心作用？通过什么方式领导村民委员会？与村民委员会的权限分水岭何在？这些问题都没有具体规定。后果就是出现村委会和党支部两个中心，二者时常为争权而发生拉锯战。其次，《村民委员会组织法》第五条规定：“乡、民族乡、镇的人民政府对村民委员会的工作给予指导、支持和帮助，但是不得干预依法属于村民自治范围内的事项。村民委员会协助乡、民族乡、镇的人民政府开展工作。”由于没有具体说明哪些事务属于村民自治事项，实践中很难区分乡镇政府对村级事务的介入究竟是“合理指导”，还是属于“非法干预”。再次，《村民委员会组织法》对村委会和村民会议的相关规定很笼统，比如村委会成员的任职条件是什么、如何召集村民会议和村民代表大会？对村级财务和村级政务如何公开？违反《村民委员会组织法》的行为如何追责？这些没有细化的规定让具体操作有难度。

有些法律条款弹性强而刚性弱。法律用语精准而严格才有权威性，如果含糊其辞就会引致执行随意。在《村民委员会组织法》的41个条款中，共使用了 51 个“应当……”这种非强制性语言，几乎没有“必须……”“不能……”等禁止性规范，这种弹性空间较大的规定让法律的严肃性大打折扣，给不作为埋下伏笔。

法律漏洞让村民自治无法可依。2010 年新修订的《村民委员会组织法》颁布之后，很多地方没有出台具体的实施办法。比如：民主选举、民主决策、民主监督、民主管理的程序和内容没有明确；村务公开只规定了大致内容但没有确定公开形式、公开地点；村委会有没有法人资格也没有明示。法律漏洞的存在，容易让村民自治无法可依。

奖惩和救济性制度安排缺失。一个科学的制度应该是规范性和惩戒性的统一，可现行村民自治制度就存在两者脱节的问题。例如：《村民委员会组织法》只规定村党支部、村民委员会、村民会议、村民代表会议应当做什么，至于做了有何奖励、不做有何后果、做错了如何惩处等问题，除“责令改正”等措辞之外无其他具有威慑性的规定。此外，没有对村民自治权利的救济做出相应制度安排。正因为此，村民对村干部的侵权行为，要么只能忍气吞声，要么只有通过上访等极端手段来抗争。

三、治理条件发生改变

村民自治制度的边际效应递减，与治理条件的改变脱不了干系。

（一）自治主体弱势化

随着市场经济的发展，农民的社会流动机会增多。从最初“离乡不离土”到后来的“离乡又离土”，外出农民与农村的联系越来越少，对村民自治的关注度越来越低。留守农村的村民大多数文化水平低、身体素质差、民主意识淡、自治能力差，自治主体的弱势化给村民自治带来多重难题。比如村庄精英大量流失，民主选举的候选人范围变窄，难以选出优秀的村民自治带头人；身体好、精力旺、见识广、思想活的青壮年外出，剩下的村民受年龄、性别、健康、体力等方面的限制，缺乏选举参与热情，影响选举参与率；农村“空心化”之后，空巢老人、留守妇女无能力实行自治，民主决策环节难以召开村民会议或村民代表会议，无法反映大多数人的意愿；民主监督环节也因主体弱化而让渡监督权，使村委会工作得不到有效监督。

（二）治理区域的异质化

从自治实践来看，治理区域是影响村民自治的重要环境因素之一。关于村民自治的治理区域，1988年试行实施的《中华人民共和国村民委员会组织法》第三条规定村民委员会的设立要“根据村民居住状况、人口多少，按照便于群众自治”的原则，2010年新修订《村民委员会组织法》第三条增加了“有利于经济发展和社会管理”的新原则。村民自治原先是以行政村为单元的，但后来经过大规模的“合村并组”，自治单位的地域空间和人口数量大大扩充，再后来由于受城镇化的冲击，出现了大量城中村、园中村、城郊村等“非城非乡”的过渡型社区。经历这些变化之后，曾经几乎静态且同质性很高的治理区域，相互间的差异越来越大，不同治理区域的社会结构、经济水平、人口构成、基础条件乃至治理体制各不相同，必然给村民自治的能力、方式、手段提出新要求和新挑战。

第五节　村民自治的未来展望

作为我国民主制度的一个创举，村民自治有效推动了基层民主进程，尽管成效不尽如人意并且还面临一些法制、体制、现实方面的掣肘或桎梏，但一个开创性制度的推行不可能完全一帆风顺，要以宽容的心态看待它的低谷期，相信未来发展道路上，只要消除制度障碍、夯实物质基础、增强自治后劲并在实践中磨炼，村民自治制度定会得以完善和升华。

一、完善法律法规，消除制度障碍

鉴于现行法律法规的有些规定过于宽泛、操作中随意性大，有必要进一步细化村委会成员的参选条件、选举方式、选举程序及罢免办法、违规惩处等规定，进一步明确民主决策、民主监督等事项的具体内容、操作程序、纠错方法。针对乡镇政府给村委会“下派”任务时没有配套拨付完成任务所需经费，导致村级财政不堪重负的问题，法律要明确规定乡镇委托事项的经办费用来源，建立“财”随“事”支制度。

修订《村民委员会组织法》，科学定位乡村关系、党政关系及村委会与村民间的委托关系。确立村委会的独立法律地位，合理划分政务和村务的范围，形成法人对法人的关系；准确界定村党组织的职责和权限，避免村党组织干预或包揽村委会职权范围内事务；以“自治清单”的方式严格界定村民自治内容，凡是属于村民自治的事项一定由自治组织解决，让村务专属于村民委员会。

建立村民自治权利的司法救济机制，确保村民自治运行中遭遇的干扰选举、行政侵权及其他违法行为有救济通道。另外，把村民组织起来，共同制定村民自治章程、村规民约，让村民自治有章可循。

二、壮大集体经济，夯实物质基础

集体经济是村民自治的坚强后盾。凡是村民自治有声有色的地方，都有一个共同点，那就是集体经济实力较强，因为村民自治也需要资金支持。很少看到集体经济为“空壳”的村，能够把村民自治做出起色。越是集体经济发达的村，越发需要广大村民的参与，只有村民广泛参与决策和监督，集体经济的运作才规范，集体利益的分配才更合理。因而，要想村民自治更上一层楼，就必须按照党的十九大要求：“深化农村集体产权制度改革，保障农民财产权益，壮大集体经济。”以此夯实村民自治的物质基础，从根本上解决村委会服务功能弱化的问题。

三、培育内生动力，增强自治后劲

村民自治能否取得成效，有赖于自治主体的自治意识和自治能力，关键在于激发主体参与自治的内在动力。由于当初村民自治主要考虑的是满足国家对农村进行管理的需要，农村居民的自治主体性培育被放在次位，所以，多年来村民自治并没有把农民的积极性调动起来，也没有把自主性培育起来，农村治理主要靠外力在推动。实践证明，如果农村缺乏内生动力，仅凭外部力量推动，村民自治难以见成效，即便有也不会持久。可见，要推进村民自治，首先必须激发农民参与自治的内在动力，让农民从内心深处有参与选举、参与决策、参与监督、参与管理的愿望。其次，要支持村民建立多样化的诸如法律援助协会、财务服务中介等民间自治组织，促进民间组织之间开展合作，这既可以增加村民参与自治的机会，也有助于对村干部的权力行使形成一定监督和制约。再次，团结乡贤这个群体，把他们吸引到村民自治队伍中来，借助他们在村民中的威望，发挥他们的才干，为村民自治贡献力量，并带动更多村民共治共享。

四、抓住发展机遇，在实践中磨炼

我国的城市化进程还将持续很多年，受城镇化影响，农村社区也会发生巨大变化并面临越来越多的经济活动，比如征地补偿、村办企业的利益分配、集体利润的投资、高污染企业的环保责任，这些都需要村民积极参与协商和解决，这为实现村民自治提供了锻炼的舞台。党的十九大报告提出的乡村振兴战略，全国各地正在紧锣密鼓地推行。要真正达到“产业兴旺、生态宜居、乡风文明、治理有效、生活富裕”这个目标，肯定有基础设施建设、产业结构调整、生态环境保护、精神文明建设、社会治安综合治理等多种村级事务需要通过村民自治来推动，这也为村民参与自治提供了机会。只要抓住机遇，让村民在实践中多磨炼，民主意识和自治能力都将大大提升。

小　结

村民自治已经有30多年的历史，得到过称颂，遭受过质疑，目前还面临着各种困境。为了促进该制度的不断完善进而发挥更大作用，也为了研究湖北省秭归县陈家坝村乡村自治的背景，本章回溯了村民自治的产生初衷，阐述了村民自治的实践现状，展望了村民自治的未来发展。在村民自治溯源部分分析了产生背景、推进过程和功能定位。在村民自治的成效评价部分，肯定了村民自治这个被列为“改革开放以来继家庭联产承包责任制之后农民的又一伟大创举”在增强广大农民的民主意识、训练基层群众的民主能力、助推基层民主的发展进程、积累依法治国的宝贵经验等方面取得的显著成效。

随着市场经济的发展，农村的社会结构、人口结构、经济结构已经发生天翻地覆的变化，与村民自治实施初期不可同日而语，这些变化冲击了村民自治的原有社会基础，使村民自治呈现出无力，陷入了困境。一是三种关系没有处理好。包括乡镇政府与村民委员会的关系没有理顺，村委会被异化为准政府机构；村党组织与村民委员会的关系失和，增加了村民自治的阻力；村民委员会与村民会议、村民代表会议的关系别扭，颠倒了村民与村干部之间的监督逻辑。二是四个民主发展不平衡。表现为“民主选举”单方突进，其他三个“民主”明显滞后甚至被弱化被虚化了，结果是“选举时热火朝天，选举后冷火秋烟”。三是五种力量明显缺乏。很长一段时间以来，村民自治之所以没什么起色，人力、财力、能力、动力、活力五种力量的缺乏是缘由之一。四是六个方面严重异化。包括治理主体异化、主要功能异化、权力性质异化、村民选举异化、决策程序异化、村务公开异化。

村民自治之所以没有收到制度设计者预想的效果，甚至长期面临一些困境，是传统体制惯性、制度本身缺陷、治理环境改变等多方面原因共同所致。

村民自治的成效不尽如人意并且还面临一些法制、体制、现实方面的掣肘或桎梏，在未来发展道路上要想完善和升华该制度，需要致力于完善法律法规，消除制度障碍；壮大集体经济，夯实物质基础；培育内生动力，增强自治后劲；抓住发展机遇，在实践中磨炼。

第二章　陈家坝乡村自治实践

我国宪法和法律中明确提出村民充分自治，是我国改革开放以来，在乡村治理领域所取得的重大成果。本章主要阐述陈家坝村乡村治理的实践探索以及实现充分乡村自治的必然性，以全面了解陈家坝乡村自治发展的大背景及具体历程、举措。

第一节　陈家坝乡村治理的实践探索

乡村振兴是我国在新世纪推行现代化进程的重大战略，其中一个重要的主题就是完善乡村社会治理。湖北省秭归县陈家坝村乡村自治就是陈家坝村民在合村并组的实践中的智慧结晶。陈家坝村乡村社会治理从传统的“管制”模式开始向“治理”模式的转变，是一次建立在多种制度完善基础上的治理模式创新，为陈家坝村各项功能的实现提供了新的、有效的组织载体。值得注意的是，我国的乡村各有其特点、各有其发展实情，在不同的发展过程中也在探寻有效的治理模式，这就决定了我们对乡村治理模式的探讨必须深入其村的历史时空中找寻线索，细致观察和深入了解乡村的特定图景及其区域特征，才能把握乡村治理的有效资源和文化逻辑。

一、陈家坝村的基本概况

陈家坝村位于湖北省宜昌市秭归县茅坪镇西南方，地处三峡大坝防护区和宝塔河流域治理、国家生态环境建设项目重点区，全村面积 4 平方公里

(见图 2-1)。主导产业为茶叶、蔬菜和柑橘。先后被表彰为全县“五好基层党组织”“安全文明村”等。

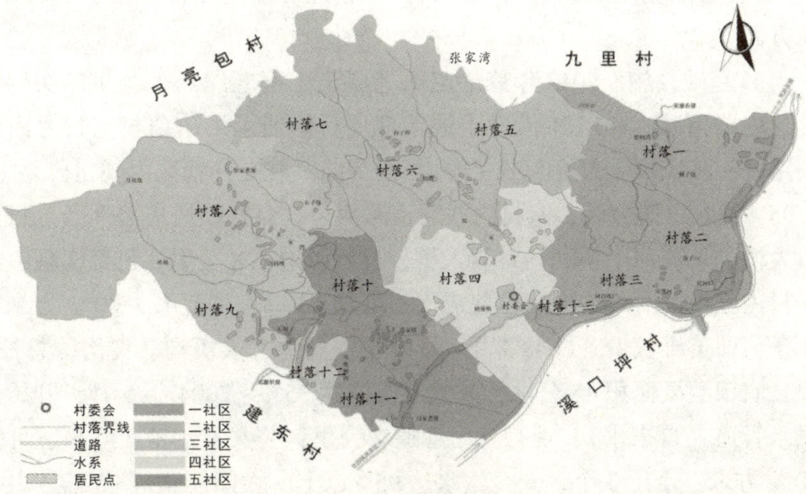

图 2-1　陈家坝村行政区划图

(一) 人口结构

陈家坝村 1959 年成立并取名五星大队，1977 年改称陈家坝大队，1980 年改为陈家坝村。1996 年 6 月，为配合三峡工程建设，接收镇内库区后靠安置移民——松树坳村 1、2 组建制移民搬迁 30 户、109 人。至此陈家坝村成了三峡移民安置村。陈家坝村是一个标准的百家姓村，全村共有 108 个姓。随着人口的发展与迁移，现有 13 个村落，1016 户 2737 人，村设党总支 1 个，党支部 2 个，党小组 10 个，党员 81 人，村两委干部 4 人，后备干部 1 人。

(二) 经济社会发展

全村有耕地 935 亩，现有茶叶 1500 亩、板栗 350 亩、蔬菜 400 亩。村庄的经济活动以种植和养殖为主，其中柑橘、茶叶最为集中和普及。分田到户以后人多地少，人均占有量不到五分地，靠仅有的土地只能维持温饱，全村的种粮耕地不到 500 亩，其余的耕地都退耕还林或发展产业了，这是陈家坝村在村务改革时未能“合村并组”的重要原因。当土地不能保证农民正常生存的时候，他们被迫离开家乡，漂泊外地，靠打工、做生意来增加收入，现在农民外出务工已成为一种潮流。大量劳动力外流，为他们带来经济收入的同时，也在不同程度上改变其消费观念和生活方式。2017 年全村经济总收入4150万元，农民人均纯收入9076元。2017年村集体总收入55万元，其中服务性收入12.3万元，村级支出36万元。被宜昌市评为“示范村”“五好基层党组织”“安全文明村”。其经济社会发展状况主要体现在以下几方面。

（1）基础设施。2013年修通赵家老屋至王家老屋的1公里断头路，实现了村内路相通。2015年借助土地整理项目修通了第一条村与村之间的连通公路——陈家坝至月亮包长1700米的公路。现在，辖区内硬化公路17公里，95%的农户通公路，有村内联通道路两条，对外联通道路两条。村内有河口大桥、茅坪河中桥和马蹄岩大桥，过境镇道2.8公里。已经实现组组通路、村内互通、对外连通。已建成大小堰塘11口，可蓄水4500立方米；干渠4条，即英雄长渠（6648米）、排洪渠、湖沟、拱桥沟、夹沟，总长8.2公里；农田灌溉面积45公顷，有效灌溉率达35%。2004年5月，开始建公用供水管道（自来水），现有公用管道7公里；公共蓄水池130口，可蓄水9500立方米；水厂3个，安全饮水达95%以上。太阳能路灯95盏，电、网络全覆盖。为解决老年人的问题，于2015年通过改建原学校6间共318平方米的教室，兴办陈家坝村老年人互助活动中心，成立了由5人组成的老年人协会，配备了相应的设施设备。创立了“夕阳红社团”，关爱关心老年人，引导全村老年人“老有所依，老有所学，老有所为，老有所乐”。陈家坝村基础设施、公益设施的不断完善，既满足群众基本生活需要，又为群众的生产活动提供良好的发展空间。

（2）产业发展。在产业调整之前，村里主要种植水稻、小麦、油菜、玉米、红薯、花生，现在主要种植茶叶、蔬菜、早熟蜜橘、花生、浅刺大板栗等，其中浅刺大板栗闻名遐迩，曾登上中国林业教科书。陈家坝村坚持项目扶持、科技支持、政策奖励、农工配套“四位一体”加快茶叶产业化建设，全村茶叶面积达1500亩，年创产值950万元。投资新建的兴农茶厂，年生产销售干茶600多吨，多半农户有了牢固的衣食之基。村内有金磊矿业有限公司（主要产品为金原矿石）、宝塔河水电有限责任公司等10多家个体企业。通过兴办金矿、食用菌厂、蔬菜种植基地增加村级积累，为促进农民增收，实现农民富裕、生态优美、社会和谐提供了可靠的保证。

（3）社会民生事业。陈家坝村始终坚持以民为本、民生优先、服务群众原则，1998年，村委会由砖屋嘴搬迁至河口综合大楼办公，现在的村委会（党员群众服务中心）是2010年12月18日在原村办小学——砖屋嘴建成并投入使用。2014年6月村委会进行了大规模的公共设施建设，改扩建公共场所1000平方米，可容纳500人活动。2016年村党员群众服务中心通过提档升级，经县市级验收投入使用，现已实现“五务合一”，达到“六个一”功能标准，设立了“一站式”综合服务大厅，建有大型文化活动广场三处、中心卫生室一处、镇级卫生点和个体诊所各一个，还有图书阅览室、党员活动室、文化活动排练室、多功能会议室，并且新建篮球场、乒乓球台、健身房等体育设施，2011年还建成全县第一个村级残疾人康复站，2015年7月“老年人互助活动中心”正式挂牌运行，能满足对村民开展服务和村民群众开展活动的需要。陈家坝村在大力推进医疗卫生改革和丰富村民文体生活方面双管齐下，使得当地民生事业稳步发展、成效显著。

（三）人文生态

（1）地方习俗。陈家坝村民间文艺活动丰富，极具地方特色。其中以民间乐器点子最为突出。其分为围鱼、网鱼、穿鼻眼、挑担子、老蛇皮、青蛇皮、野鸡外、金线钓鱼、朝天一炷香等，又称32个点子。生活方面仍保留着传统的风俗习惯。例如端午吃粽子、清明扫墓、元宵吃汤圆、杀年猪请客等习俗；婚育习俗有男女订婚过门，结婚3天回门，生小孩送祝米、满岁抓周等；丧事有打丧鼓、烧包袱、烧周年等，出殡一般为清早，春节除夕晚上，给已故老人点灯上香等活动；居住习俗，早期依山临水而居，大部分为多户一个屋场居住，多为两层土瓦屋。后改土为砖，多为三四层小楼房，临公路而建，向村庄式聚居发展。陈家坝村村风良好、民风淳朴、村民热情好客。传统文艺活动有唢呐、扭秧歌、采莲船、舞狮、九字鞭等。传统体育项目有武术、篮球、拔河等。

（2）历史名人。陈家坝村人文荟萃，人才辈出，比较有名的有大学教授陈雪涛、少将陈蕴卿、烈士陈金甲等。陈雪涛（1890—1969）又名达科，陈家坝村人，毕业于日本京都帝国大学经济学部。曾任汉口上海银行襄理，武汉分行经理，新中国成立后在粮食部科学研究所农垦部出版社工作，同时兼职武汉大学、中山大学教授。陈蕴卿（1889—1952）原名怀州，别名陈谟，陈家坝村人。曾任保定军校骑兵总监，黄埔军校马术教练员，陆军第十三师少将参谋长，武汉陆军测绘局少将局长。革命烈士王祖年（1930—1952），陈家坝人，1948年入伍，任志愿军106团通讯连班长，于1952年10月在朝鲜牺牲；革命烈士陈金甲（1933—1952），陈家坝人，1951年入伍，志愿军203师608团三营九连战士，于1952年10月在朝鲜牺牲。革命烈士鲁必启（1920—1950），陈家坝人，1949年入伍，志愿军战士，于1950年在朝鲜牺牲。

（3）标志物。现存古塔一处，同治三年（1864年）由陈氏、黎氏家族修建的“宝善塔”，宝塔位于茅坪河畔的过河口。塔高20米，六棱七级，青砖三合泥结构，用青石凿成拱形门壁，门楣上方横刻“古桃源”三个大字。门内有阶梯可上至第六层，最上一层的塔角上，悬挂着四只青铜铃。塔尖若笔。相传是陈氏、黎氏家族为发家致富，寓将九畹溪砚窝台的财富吸过来，故建此宝塔。现塔尖及塔内设施已损毁，塔身保存较好，是茅坪境内仅存的一座古建筑。村内有处“古交通枢纽”，是出峡入川，陆上必经之地，久之，便有“过河口”之称。早年的“河口街”虽历经百年沧桑、饱经磨难，但依然坚挺，至今还保留了近100米长的历史原貌。

（四）自然地理

（1）地理位置。地理位置是村庄最基本的地域范围，与其经济发展、人际交往有较为密切的联系。陈家坝是鄂西秭归三峡库区上的一个行政村，位于茅坪镇西南方，村委会驻地砖屋嘴，东北距县城7公里，东南距三峡大坝5公里，西距四溪风景区1.5公里。村域与九里、溪口坪、月亮包、建东村相比邻，地处三峡大坝防护区、宝塔河流域治理、国家生态环境建设及三峡库区“菜篮子”项目的重点区域内。作为典型的城郊村，优越的地理位置为村庄经济发展提供了得天独厚的条件。全村面积4平方公里，耕地75公顷，林地140公顷，水域20公顷，森林覆盖率45%，因地势平坦而得名。

（2）地质地貌。陈家坝村地质成因和工程地质条件简单，多为闪长岩和片岩风化形成，是典型的花岗岩风化表露区，地势较为平坦、山包之间多为平坝地及水田，最高海拔775米，最低海拔141米，具有低山丘陵的地貌特征。总的来说，该地地表崇山林立，溪流纵横，属典型长江三峡山地地貌，俗称“八山半水一分半田”。境内山峦起伏，气候垂直变化明显，正是这一地貌特征展示了峡江两岸的独特风貌。村庄所处地域或特定的自然生态条件决定其地理分布，山地丘陵地区多以小聚落或散居形式的居住方式为主。房舍结构以“青瓦白面马头墙，峡江两岸一风格”式的构造。站在山顶上看，多半农户以山下集中居住为主，并逐渐向四周扩散，有三分之一的村民，零散地居住在山上，甚至接近山顶还有农户居住，这主要跟农户农田分布有关，山上的居民田地多位于住房的附近。

（3）气候特征。全年无霜期306天，年平均气温18℃，年日照数1631小时，降水量1400毫米，为温暖湿润、四季分明、光照充足、雨热同季的中亚热带气候。

（4）土地资源。全村总土地面积453.87公顷，其中农业用地占

40.34%，林业用地占21.99%，居住区（含企业）用地占8.37%，道路、水域及水利设施用地占4.12%。荒草、裸岩及河沟滩地占25.18%。在农业用地183.09公顷中，水田占32.44%，旱平梯田占36.68%，坡耕地占21.85%，陡坡耕地占9.03%，土壤种类以鼓眼沙土、壤土、水稻土、潮土为主，pH值在5.6~7.5之间，适宜多种植物生长。

二、陈家坝村自治改革的困境与机遇

类似陈家坝的乡村普遍有良性发展、有效治理的迫切愿望。陈家坝村在乡村治理方面积极主动探索，并实施了一系列改革，在经历多种模式的实践探索之后，逐步向村民充分自治道路发展。陈家坝在改革过程中先后遭遇过许多困境，在各级政府、社会力量的大力支持和自身积极努力下，乡村治理改革初见成效，也迎来了自治发展的历史机遇。

（一）联产承包——小农户遭遇大市场

从1978年起，全国上下开始全面实行家庭联产承包责任制，这项重要决策适应了当时中国农村的生产力状况，在促进农业发展、增加国民经济收入和解决农民温饱问题上起到了决定性的作用，也为中国社会主义建设起到了巨大的推动作用。但是在1984年之后，我国处于改革开放的窗口期，经济发展开始提速，工商业开始加速发展，而中国农业增长有放缓趋势，主要依靠农业支撑经济发展的模式已无法满足社会的发展及人民对美好生活的追求。

家庭联产承包责任制是农户以家庭为单位向集体组织承包土地等生产资料和生产任务，它是一种双层经营充分相结合的体制。国家赋予农民以家庭为单位从事农业生产经营的权利，自负盈亏，个人经营能力和经营努力程度直接关系到农业生产的报酬。但随着经济快速发展、社会急剧转型，农业规模化、现代化经营才是未来农业发展的大势所趋。当前家庭联产承包责任制在生产经营中，宜统则统、宜分则分的灵活优势并没有发挥出来，大部分地区的大部分农民依然习惯于分散独立经营，固守自家的“一亩三分地”过日子，难以接受合作化生产经营。

陈家坝村受益于家庭联产承包责任制。随着社会不断发展，新的要求在新的时代孕育而生，单纯依靠这一制度，依靠种地已经无法满足人们对美好生活的愿景。但与此同时，分得土地的农民对土地的依赖性极高，不愿将土地交由村委会集体配置，整合利用。村里1998年进行产业结构调整，镇政府打算充分利用当地的地理区位和优质资源，发展多种经济作物，改变原先传统乡村仅靠种植粮食作物换取收入的局面，以促进农业产业结构调整，增加农民收入。政府甚至积极招商引资，发展承包农业，号召大家把土地承包出去，但是这并没有得到当地农户的积极响应，大家既不愿意种植果蔬等经济作物，也不愿意把土地承包出去，最终不但没有发展起来新兴产业，还导致农户和村委会之间矛盾重重。

（二）合村并组——乡村治理陷入困境

除了基本土地制度发展不适应现代高速发展的弊端之外，体制变革也给乡村社会治理带来了新的问题。2000 年农村税费改革在全国各地拉开了序幕，2002 年以后，湖北省也加入到税费改革的大潮中来，陈家坝村按照国务院关于“制止新债、摸清旧债、明确责任、分类处理、逐步化解”的要求，积极稳妥地开展化解乡村债务工作，在减轻农民负担，规范税费改革上取得了一定成效，但同时也造成了村级财政收入严重短缺，严重阻碍了镇、村两级组织的正常运转。

发展与税费改革相配套的镇村管理体制，应运而生的是“合村并组”的改革，通过合村并组的形式减少村干部数量，减少村级财政开支。尽管村组规模扩大后，村干部总数减少因而减少了村干部报酬支出，一定程度上缓解了村级财政短缺，但是同一个村委会，将要处理远大于原来两倍三倍地方的村务，又带来了新的治理危机。

（1）村组规模扩张导致管理变难，地方组织日渐瘫痪。秭归县地处山区，广大农村地区地广人稀，居民自然分布在大山的角角落落，而秭归县的行政村面积均在 10 平方公里以上，最高海拔落差大都在 1000 米左右，合村并组之后原来的两三个村合成的现在一个村，使得村委会管理的地方变大，人数增多，加上山区交通不便，日常管理工作效率极低，尤其是社会治安、纠纷调解工作难以落实。

（2）以村组为治理单位的管理单元人口剧增，导致村内群众的价值观和利益呈现多元化趋势，不利于农村社会稳定。合村并组打破了当地居民原有的生活秩序，农民日常生产生活、地缘观念在短期内很难改变，加上各个村组之间原有土地、资源、债务不尽均衡，导致合村并组后各种利益纠纷不断，大大增加了村组干部的管理难度。

（3）合村并组之后，村级财政可支配收入和村干部均大幅减少，导致农村社会事业无钱办理，也无人管理。某村干部说：“以前的村干部就是处乱子（解决民事纠纷）、收款子（收农业税）、刮娃子（抓计划生育），根本没精力想发展，上头要你干什么你就要干什么。”村委会和村民小组的干部忙于应付行政任务，治理精力有限；农村公共服务供给与农民需求相脱节，干群关系紧张。

(4) 农村空心背景下的人口结构失衡。随着外出务工人员日趋增多，山区农村多以“三留守”人员（留守老人、留守儿童、留守妇女）为主，人口流动剧增、老弱病残无人看管等问题导致治理愈发不易。

既要能适合山大人稀、村民居住分散且集体经济匮乏的贫困地区，又要能满足农村社会期待，还必须能与税费改革、合村并组等改革措施相适应的新的乡村社会治理体制在湖北省秭归县应运而生。① 而陈家坝村的乡村治理正是在响应乡村社会治理体制改革的背景下产生的。

（三）政府单一主导治理——村民参与积极性缺失

乡村建设的内涵，是指在行政村的地理区域范围内，在各级党委政府的统一领导和民政部门的协调指导下，由村党组织和村委会直接组织，通过直接民主和自我管理的方式依靠政府、社会和村民自身等多方面的资源和力量，推动农村基础设施、环境治理、社会保障和公共产品体系建设，强化各项公共管理与服务功能，加强农村精神文明建设，不断提高农村社区成员物质文化生活水平的过程。② 由此内涵可以看出，乡村建设应该是由政府、社会和村民协调合作、共同参与其中。而在我国诸多的乡村建设中，政府似乎成了农村社区建设的唯一主体，政府主导特征明显。一方面，国家政策引导着乡村建设。2006 年民政部启动了农村社区建设试点工作，分批次确定了 304 个全国农村社区建设试验县（市、区），积极探索社会主义新农村建设和村民自治的有效途径，而这正是陈家坝村面临的大环境和大背景。另一方面，农村公共资源的缺乏致使乡村治理需要寻求政府公共资源的支持。在陈家坝村，基层财政运转困难，而农村集体经济又较为匮乏，致使其需要向外部资源寻求支持。与此同时，大量的公共资源却被政府掌控。因此，政府主导乡村治理既是农村经济社会状况所致，也是政策导向对这一状况的一种回应。

乡村治理中的政府主导具有其必然性和应然性，但是并不意味着政府就应该是乡村的唯一治理主体，而应该做好政策和制度上的引导，吸纳更多社

① 谭志松，陈瑶. 武陵山片区乡村社会治理模式研究：以湖北省秭归县“幸福村落”治理模式为例的分析［J］. 吉首大学学报（社会科学版），2015（6）：64-70.

② 胡宗山. 农村社区建设：内涵、任务与方法［J］. 中国民政，2008（3）：17-18.

会力量参与到乡村治理之中，对不同参与主体在治理过程中的行为进行规范和协调。政府主导乡村治理，主要体现在乡村的建设规划和公共产品的供给及公益事业的建设方面。在乡村建设规划方面，由于只有自上而下的政府建设机制，并未形成一种自下而上的村民参与机制，加上传统行政管理体制的存在，造成了乡村建设严重的行政化，未能形成多方参与的局面，村民作为根本上的建设主体被排除在了乡村建设主体之外，一定程度上属于“被社区化”。农民难以参与到乡村建设规划中，因而会把乡村建设当作是政府行政行为而并非自我需要，从而对乡村建设不予支持和配合。受传统“压力型体制”的影响，各级政府单方面对乡村的规模、发展规划、规章制度以及公共产品供给的内容、数量和方式做出决策，成为乡村规划和公共产品供给的单一决策主体，并通过行政性、指令性的政府文件或政策规范的形式下达实施。这种自上而下的模式把乡村治理的主体排除在外，尤其是公共产品的供给模式造成了政府与村民之间的供需错位，政府项目建设并不能满足村民对公共产品的需求，也容易导致“等、靠、要”的依赖心理产生，进而更加削弱村民参与乡村治理的积极性，乡村治理因缺乏村民参与而缺少动力和活力。

（四）考评机制不完善——乡村治理缺乏可持续性

乡村建设是一项系统的工程，其目标的实现也不是一蹴而就的，因此除了开展乡村建设等基本内容之外，还应建立相应的推动乡村社会良性发展的保障、考评等长效机制。多年来，陈家坝村由于村级集体经济不发达，村级内部资源难支撑乡村建设，需要寻求掌握大量公共资源的政府部门的支持。在一般乡村的建设中，由于公共资源的政策导向性以及投资基础设施建设的可控性和成效显著性，公共资源多被用于交通、水利等基础设施建设，而在乡村治理等方面的资源分配较少，而且用于乡村治理的资金缺乏完善的分配管理机制，因此，在乡村基础设施建设开展得“热火朝天”的同时，村级治理的潜力却未能被有效激发。

乡村治理考评即是对乡村治理的内容、成效等做一个综合的考核和评价，需要政府、村委、村民等多主体参与，借此改善乡村治理从而推动乡村长效良性发展。然而在乡村治理中，相关考评较少，而即使有考评制度，也存在着一些问题。

（1）考评内容不合理，乡村社会基础设施和经济发展带来的物质丰裕成效是最易测评且便于操作的方面，因而在实际操作中，对于乡村自治的考评往往侧重于物质方面，而诸如乡风改善等精神方面的考评由于操作难度大及不可量化，导致其在考评中几乎很少涉及。考评偏向物质化的建设，一定程度诱使乡村治理向“扩马路，建楼房”等形象工程建设上畸形发展。

（2）考评的主体及方式存在问题。乡村治理的考评主体应该是多元的，然而在以政府为主导的乡村治理中，政府行政力量也俨然成了乡村考评的单一主体，作为生活在乡村中深受乡村建设影响的村民却未能被纳入到考评主体中去，导致政府对乡村建设的成效认识等片面不科学，不利于后续的乡村治理规划。在乡村治理考评中，政府往往以考查的形式单向度进行考核评价，村委会在了解考查本村时间的情况下可能会采取相应的措施以应付政府检查，从而造成乡村治理良好这一假象。村干部的这些行为会进一步加深村民对乡村治理的不重视，把乡村治理当作另一项“形象工程”，较少实质性参与其中。

（3）考评缺乏群众的有效参与和监管。一方面当前乡村治理评估体系虽然加入了民主评议的权重，但仍存在领导“一言堂”的问题，包括民主评议在内的评估体系仍然主要是由包括乡镇、县在内的上级做出的制度安排，真正由村干部尤其是村民自己制定的考评体系并不多见。另一方面，在村务考评上主要还是由村干部作为主要评价主体，缺少群众的参与与监督，考核评估不应该局限在上对下的传统做法上，应该是上对下、下对上的双向评价考核。

（五）政府大力支持乡村治理改革——乡村自治的新机遇

从党的十六大明确提出统筹城乡经济社会发展，建设现代农业，发展农村经济，增加农民收入，到党的十七大强调加强农业基础地位，走中国特色农业现代化道路，建立以工促农、以城带乡长效机制，形成城乡经济社会发展一体化新格局，到党的十八大再次强调城乡发展一体化是解决“三农”问题的根本途径，要加大统筹城乡发展力度，增强农村发展活力，逐步缩小城乡差距，促进城乡共同繁荣，再到党的十九大明确提出实施乡村振兴发展战略，不难看出，党中央和国务院的重大方针政策为农村治理和社会主义新农村建设提供了政策保障。就陈家坝村来说，党委、政府及社会力量的支持，为其治理提供了新的机遇，推动着乡村自治的顺利进行。这体现在两个方面。

（1）政府的政策、财政支持。秭归县政府成立“幸福村落”建设领导小组，制定了一系列全局性的创建规程、实施方案、目标责任等政策文件，指导幸福村落建设和乡村充分自治。通过财政转移支付、“一事一议”等加大农村投入力度，提供幸福村落建设的财政保障。

（2）国家、社会力量的支持。在乡村自治建设中，秭归县邀请华中师范大学的教授实地调研并参与制定相应的政策制度，提高政策的科学性。此外，县政府积极争取中央政府支持，经过民政部政策研究中心等部门和机构共同组织评选，秭归县“幸福村落”建设入选2013年中国社区治理十大创新成果；2014年11月，国家农业部批复了全国34个第二批农村改革试验区和试验任务，秭归县“幸福村落”建设被列入其中。

三、陈家坝村自治的实践探索

秭归县陈家坝村位于三峡库区，山大人稀，随着外出务工人员不断增多，村庄空心化、发展缺乏活力，不仅产业结构调整困难，村庄内的公共物品供给也成了难题，农业税取消后，又经历了大规模的合村并组，三五个村干部要面对居住分散且地域广阔的村庄，工作开展困难，导致在政策上传下达、纠纷调解、困难帮扶、公共服务等方面难以满足群众的需求，“干部辛苦跑断了腿，堵不住群众埋怨的嘴”，这迫使政府要进行基层治理改革。因而，自2013年以来，其乡村社会治理发生了巨大变化，主要体现在以下几方面。

（一）以基础设施建设奠定乡村治理基础

在秭归曾经流传这样一句顺口溜，“三五个村干部，数十里大山场，干部辛苦跑断了腿，堵不住老百姓埋怨的嘴”，陈家坝村的村干部对此深有同感。全村1040户村民，散居大山之中，人心拢不到一起，山上山下居民，各有各的打算。这是陈家坝村乡村治理面临的最大问题。而关于乡村治理创新的最深入思考，可以从修路说起，修路曾让村干部伤透脑筋。村里有家茶场，由于山路陡峭，百姓上山采茶难，运茶下山更难，县财政投资50万元支持村里修路，却因为征地遭遇阻挠，2公里村道反反复复修成断头路。其实村民心里都清楚，要想富，先修路，山高坡陡，不通路，采茶就得一篓一篓地背回来，效率低、成本高。然而，面对扶贫项目“下村”，不少村民的第一反应不是如何参与，让好事落地，而是“项目来了，就等政府发钱补偿”。村务同样如此，谁都不愿主动参与公共事务。尤其是在实行“合村并组”后，建制村地域范围平均达到13平方公里，治理单元偏大、群众利益协调难度加大、村委会行政化等问题尤为突出。村民往往处于被动接受公共服务的状态，对于公共事务，村民关注少、共识低，村民自治日益变为村委会自治、村干部自治。

面对基层治理的现实困境和农村发展的内生需求，秭归县陈家坝村从2013年下半年开始加强基础设施建设。2013—2015年该村争取“一事一议”资金194万元建设美丽乡村，拉动国土、水利、移民、交通、林业等部门近1000万元资金的整合投入，着力推进茶叶、食用菌、蔬菜等产业的提档升级，综合治理全村的山、水、林、田、路、电、房、产，建成覆盖全村的道路交通网，基础设施条件得到较大改善，生态环境受到有效保护，村容村貌焕然一新，山村风貌生机盎然，人民群众幸福指数也不断提高，追求文明与健康成为时尚。村落群众通过自筹资金、投工投劳，解决基础设施建设问题，2012—2015年，在田间道建设方面，新修田间道1008.39公里，投工投劳230676个，筹集资金4308万元；在水渠建设方面，新修水渠53062公里，投工投劳15551个，筹集资金193万元；在水池建设方面，新建水池9291口、1229518立方米、投工投劳178975个、筹集资金15836.8万元。具体来说新修公路9公里，硬化公路7公里，安装钢护栏5公里；建人畜饮水厂4处，洗衣洗菜池6个；整治土地连片56亩，绿化植树1万株，安装太阳能路灯87盏；建设垃圾池9个，添置垃圾桶100个；建“六小”村落文化场所13个，中心文化活动广场1个。

基础设施的逐步完善，改善村民的生产生活环境，让村民看到了发展的希望，也改变了村民对村干部的看法，为村民自治的推行奠定了基础。

（二）以“幸福村落”创建优化治理体制机制

随着经济快速发展和社会急剧转型，陈家坝也同其他农村地区一样，面临着公共服务供给与农民需求之间相脱节、公共事务管理与农民参与之间相脱离的突出矛盾，影响了农村社会稳定和发展。为此，自2013年以来，陈家坝村科学把握山区农村的特点，坚持走群众路线，以“幸福村落”建设为工作载体，将乡村治理延伸到自然村落，形成“一级政府、双线治理、三层架构”的新型农村基层社会治理体制。

（1）立足村庄特点，形成多层立体式村庄治理架构。根据农村人口居住分布特点，陈家坝村结合农村产业类型，以长期自然形成的村落生活共同体为基准，按照“地域相近、产业趋同，利益共享、有利发展，群众自愿、便于组织，尊重习惯、规模适度”的原则，合理划分组建了13个村落，设10个党小组和13个村落理事会。同时，对农村治理体系进行重新设计，构建起“双线”农村治理运行网络，即村务管理，保留“村民委员会—村民小组—村落”三级构架；社会治理，实行村“幸福村落”创建工作指导“委员会（非常设机构）—社区理事会—村落理事会”三层构架。村庄内不同性质、不同利益范围的公共事务，分别在建制村、社区（村民小组）、村落层面实现自我治理，彻底改变过去那种无论何种性质、多大范围的公共事务全由村委会“包办”的简单做法。也就是说，由一种单一层级的、平面式村民自治转向多层级的、立体式的村庄治理。

（2）构建“两长八员”机制，传递无私奉献的正能量。村落理事会“两长八员”（即村落理事长、党小组长；经济员、宣传员、帮扶员、调解员、维权员、管护员、环保员、张罗员）由各村落农户民主推选产生，全村共推选“两长八员”58 人，其中党员 17 人。同时对“两长八员”实行动态管理，对群众不满意的，经村落群众会议重新推选，提高工作效率。作为村落的最高议事机构——村落村民全体大会，由村落理事会召集并主持。村落理事会是村落治理常设机构，由村落理事长和理事组成，简称“两长八员”，他们由村落群众或村落户代表民主推选产生，属社会组织成员，以义务方式履职，可以“一人多职”。职责既包括调解邻里矛盾、红白喜事等村俗民约，也包括环境卫生、治安联防等公共事业。也就是说涵盖了农村的政治、经济、社会、文化、生态等工作。群众在选择“两长八员”时有一些基本标准：首先要能够长期在家，保障有充分的时间参与村庄公共事务，能够随喊随到；其次要公道正派，做事情时才能得到群众信服，让群众觉得靠得住；另外要有奉献精神，“两长八员”所要承担的事务非常繁杂，没有工资，只有一些误工补贴，要有意愿为群众服务和奉献。群众一般会选择有工作经验的人，如村里原来的老干部、老组长、老教师等，丰富的工作经验使他们能够更好地胜任乡村工作。“两长八员”的选举不设候选人，由户长会海选，按照得票多少决定由谁来做理事长，八员的设置则是按照得票数少于理事长的人选依次选择，但前提条件是必须得票过半数，八员分工是由理事长和得票数位于八员人选之列的人一起讨论。

以上乡村自治体制机制的探索和创新，激发了群众投身乡村治理的强大正能量。通过乡村自治，村落群众自己推选“当家人”，自己商定产业发展规划，自己议定公益事业，充分调动了群众的发展热情。按照“双线运行”的自治模式，通过村落理事会和“两长八员”找到了发动群众的途径，通过推进创建工作寻找到了群众关注的焦点，推选出了群众信任的骨干，凝聚了农村取之不尽用之不竭的力量，形成了群众自我服务、自我发展机制。

（三）以多种活动形式丰富村民自治内容

陈家坝村始终致力于丰富村民自治内容。

（1）利用群众力量，维护村庄治安。为了提高村民的安全感，积极发挥村落“两长八员”的作用，倾力建立群防群治工作体系，把矛盾、纠纷化解在基层。近3年内无重大事故、刑事案件和群众越级上访事件发生，矛盾调解率100%，成功率90%以上。

（2）开展环境整治，美化村容村貌。为了进一步治理好全村的环境卫生，成立了“天蓝地绿社团”并按时开展“灭草行动”、清理杂物、洁村洁河等公益活动，并配备专用自卸式垃圾车，定期清运村民生活垃圾。如今，村民生活环境良好，村容村貌整洁。

（3）狠抓精神文明，净化村风民风。陈家坝村充分发挥理事会的作用，利用党员群众服务中心广场组织村民跳广场舞。通过争取项目在移民居民点和翁桥沟居民点各兴建了一个标准化的小型广场，还分村落建起了“六小”文化活动广场，方便附近村落群众开展文化体育娱乐活动。通过村宝塔河农民之声广播室，广泛宣传政策、开展文体活动、评选十星级文明户、最受尊敬的老人、孝老爱亲模范、优秀村落、优秀理事长等，不断加强精神文明建设，提升村民文明素质。可以说，通过以上广泛开展的一系列文体活动，大力宣传惠农政策法规、身边好人好事，引导村民移风易俗，简办红白喜事，有效促进了乡风民风的好转。

（4）强化考核评价，落实长效机制。陈家坝村以定期通报、现场指导等方式开展检查督办。每月召开一次理事长会议，总结各村落本月工作并安排下月工作，同时按“好、般、差”进行评比公示，年底综合评比表彰。各村落理事会适时召开“两长八员”会议，商议村落工作；召开群众会，学习贯彻有关政策和文件精神，报告工作情况，征求群众意见；每季度向村两委汇报工作；年底向村民代表进行述职并接受测评，测评结果在村公示栏公开。村两委每年对优秀“两长八员”进行一次表彰。

（四）以“六化”完善乡村治理体系

为完善乡村治理体系，陈家坝在“六化”上下功夫。

（1）资金投入整合化。对村办企业及事业单位的捐赠、县直部门的帮扶投入、村集体的投入等来自方方面面的资金进行统筹整合，打通捆绑使用，充分发挥项目的最大经济效益、社会效益和生态效益。对村内的各项事务，如公益事业建设和维护以及文化活动等一系列关系村民利益的项目，采取以事找人、以事定费、花钱落实服务的形式。

（2）事项议定民主化。以村落为单位，利用户主会、群众会，征询各村落民众亟须解决的问题，这些都是关系一方群众生产生活的具体事项，小到过水沟，大到建水池、修公路，等等。之后，由村委会召集各村落理事长，按照“统一规划、先易后难、先急后缓、逐步覆盖、拾遗补阙、不重不漏”的原则，逐一审查申报的事项，协商讨论，初步拟定可实施的项目。同时，村委会结合实际，将公路挡土墙恢复、公路水沟、公路会车带等事项，根据项目规模的大小、落实规定的程序，一并提交村党员会议、村民代表大会讨论通过。利用村务公开栏、村落公开栏执行公示制，把知晓权、参与权和监督权充分告知农户，增强村民当家作主的意识。

（3）项目实施多样化。村申报的项目，经镇、县审批后实施时，在好事办好的前提下，为了能把群众组织和调动起来，村委会根据有关规定，拟定村落小事受益户办，即各村落议定的事项，村落组织受益户以投工投劳为主组织实施，由村争取资金、配备基本材料；村内大事项及跨村落受益的事项集中打捆，通过镇三资资源交易平台，由中标企业实施。

（4）项目管理规范化。该村在争取实施“一事一议”美丽乡村项目时，始终把规范管理放在第一位来抓，即事项的议定严格按照程序并充分尊重群众的呼声。村落小项目由村务监督小组现场丈量预算，严格按照合同和预算施工，施工中接受检查监督，竣工验收由纪检小组、村务监督小组负责据实验收和结算；大项目则按项目的管理和要求组织实施，村和所在村落负责协调、监督。

（5）监督检查制度化。该村先后制定了《环境卫生公约》《环境卫生长效机制》《村内工程项目建设管理实施方案》《公益事业项目建设管理暂行办法》，各村落分别制订了《村落公约》，把垃圾池（桶）、水渠、水池的建设维护和公路养护、环境保护等一系列事项，量化到每个村落和每个“八员”，坚持事事有人管、人人有事干，并引导群众自觉爱护公益设施，使之持续发挥作用。按照村落所划分的责任区，制作环保责任和评比公示牌，对集体修建的洗衣池的清洗等，明确排班制并公示。扎实开展每月一次的村落交叉检查评比，检查结果分村落和责任区公示，对全年获得10次“最清洁”的村落、农户，年终由村委会、村环保工作领导小组授予“最佳小区”荣誉称号并给予物质奖励；全年检查获得6次以上“不清洁”的村落，不得评选“幸福村落”，理事长不得评为“优秀理事长”。

（6）日常管护常态化。该村重视“一事一议”美丽乡村项目后期管理，确保财政奖补资金投入长久发挥效益。2013年以来，该村积极开展活动，营造氛围，以“村落”为主体，以创建“美丽乡村”为目标，以各种活动为载体，争取各方资金、项目，统筹办理群众之所需所急，积极调动村民参与的热情，开展了“清洁环境为我，我为清洁村落来努力”、争创“十星级文明户”和“十好村落”活动，按村落制订了“公益事业管护公示牌”，让村民知道具体内容，谁在管理这些事，引导村民在各项事业中争当主人翁。

第二节　陈家坝村充分自治的必然性

陈家坝的乡村自治是在党委政府的领导下，始终按照“业兴、家富、人和、村美”的要求，着力从加快推进新农村综合体建设、深入实施农村环境综合治理、加强社会主义精神文明建设入手，全面推进“幸福村落”建设，达到农村人居环境质量明显改善、乡容村貌明显改观、农村文明和谐程度明显增强、群众满意度明显提高的目标。其探索实践过程及显著成效表明，陈家坝的自治不是走过场，而是实实在在的。为了总结经验，现将其充分自治的必然性归纳如下。

一、治理模式创新，优化了自治环境

湖北省第十次党代会报告指出，“始终坚持以人为本，努力建设幸福湖北”，明确提出建设“幸福湖北”的宏伟蓝图。幸福县域建设是“幸福湖北”的基础。“以人为本、服务为先”是“幸福村落”建设始终坚持的理念，幸福不仅仅是一种价值信仰，更是人类终极价值目标，“幸福村落”的建设，给予当地居民充分行使当家作主的权利。随着农业现代化和城镇化的发展，农村普遍存在的土地征用、房屋拆迁、集体资产处置等矛盾，一定程度上造成干群关系紧张，群众普遍对村务安排存在抵触情绪，直接造成党和政府的各项政策落地难，干群之间相互封闭，村内公益事业难办。自“幸福村落”创建以来，以前都务必需要村委、干部亲自处理的诸如矛盾纠纷调处、红白喜事张罗、各种基金收缴、环境整治等事务，如今都可以交给村落理事会去完成。通过村落理事会，在村干部和群众之间形成了一个缓冲带，有效消除干群心中的隔阂，有助于化解村内矛盾和关乎群众利益问题的解决，也有利于促进国家大政方针政策的落实与农村社会的稳定。换句话说，治理模式的创新，优化了治理环境，使得村两委干部可以从繁杂的村级事务中解脱出来，更好地全身心地投入到村级长远规划与发展中去；通过村落理事会来组织当地村民，群众工作更好做了，许多过去议不成的事现在议

得成了，过去办不了的事情现在可以办了。[①]

二、干部积聚众望，带动了村民自治

村干部作为农村工作的主要承担者，担负着贯彻落实党的路线、方针、政策，密切党和政府同人民群众的联系，带领群众致富奔小康的重任，是党在农村实施核心领导的关键核心，这种特殊的重要作用是任何人都无法替代的。而且，村集体领导班子的建设可以说是乡村治理的核心问题和关键环节，尤其是推动自治共享的过程中，村集体的领导班子起到了非常重要的引导作用。引导村民参与村集体事务，集中民智，发挥民长，自治共享，也是新时代下基层组织的重要使命。

职责 / 村落	经济员	宣传员	帮扶员	调解员	监督员	管护员	环保员	张罗员
第一村落（网格）	金卫国	黎国铭	金　敏	黎国铭	金　敏	黎本军	金卫国	黎本军
第二村落（网格）	王明贵	陈会庆	周　建	周　建	邓永虎	王明贵	陈会庆	邓永虎
第三村落（网格）	李广梅	李广梅	陈　军	肖国海	陈　军	龚年柱	肖国海	龚年柱
第四村落（网格）	鲁有朋	鲁有朋	刘昌菊	周功文	周功文	刘宏斌	刘昌菊	刘宏斌
第五村落（网格）	刘国华	韩永福	刘国华	赵春秀	韩永福	赵春秀	刘国华	韩永福
第六村落（网格）	陈世玉	陈世玉	高秉虎	韩裕芳	赵宝权	尤大元	尤大元	高秉虎
第七村落（网格）	曾祥友	徐　军	徐海东	徐　军	徐　军	赵春虎	曾祥友	曾祥友
第八村落（网格）	陈世玖	王合智	徐祖桐	徐祖桐	姚兴春	徐祖桐	赵春旺	徐祖桐
第九村落（网格）	高秉前	高秉前	高秉前	傅承金	王太武	王太武	王太武	傅承金
第十村落（网格）	傅先礼	傅永国	向长元	肖维芬	黎开生	陈绪伏	向长元	肖维芬
第十一村落（网格）	付　卫	徐祖望	颜道平	肖维寿	肖维寿	傅　卫	颜道平	徐祖望
第十二村落（网格）	韩庆田	杜支分	周祖龙	韩庆举	韩庆举	杜支分	韩庆田	周祖龙
第十三村落（网格）	刘银山	杜国年	刘银山	鲁雪飞	杜国年	鲁雪飞	高德江	高德江

图 2-2　陈家坝村村干部结构图

① 梅祖寿. 深度推进村民自治促进农村和谐稳定：秭归"幸福村落"创建的调查与思考［J］. 社会科学，2013（12）：84-86.

“合村并组”后，村干部人数不断减少，村级管理服务范围扩大，村委干部都在忙于完成上级任务而忽视村内矛盾，严重影响社会稳定，还损害和疏远了干群关系。现在的“两长八员”都是有乡里乡亲公选的有威信、有能力的人，他们在解决问题、调解村民矛盾纠纷的时候，大家能信任、也信得过。“八员”包括农村经济大户、产业能人、返乡创业精英、退休教师等各种农村人才，在各种先进力量的凝聚下，大大推动了乡村治理。乡村充分自治的好处，恰如陈家坝村党总支书记编的顺口溜所说：“加上村落理事会，减去干部苦和累，乘以八员服务队，除去困难一大堆，农民群众得实惠。”

三、村民积极参与，增加了治理主体

陈家坝治理模式打破了原本政府主导的单向度的治理结构，集合了政府、社会组织、乡村精英和广大农民共同参与的乡村治理网络，“两长八员”的设置将村落精英有效地纳入到乡村公共事务管理中来，广泛调动了广大群众参与乡村治理的积极性和主动性，提升了村民的自治能力。村委在引导村民参与乡村治理中付出了许多辛劳，遇到了许多坎坷，但村落的群众自己推选“当家人”，自主商量村落治理方案，家家户户积极投身到公益事业议定中来，广大村民体验到乡村自治的实质就是村民自我管理、自我教育、自我服务、自我监督的过程，村民们的参与意识逐渐增强，在参与乡村治理的过程中，也感受到了自治的益处，既愿意参与治理又愿意共享和守护治理成果。过去村里修路、建水池，多以强迫和命令为手段让群众参与，造成群众对村委会工作极度不支持、不信任，致使当地公益事业建设难以推动。如今随着陈家坝村治理模式的改进，村民们治理乡村的热情不断高涨，甚至主动去找村里要求调整产业结构、申请参与公益事业，等等。

小　结

陈家坝村在推动乡村治理的过程中有许多经验值得借鉴和思考。从陈家坝的实践可以看出，一个村庄要实现充分自治，首先需要解决的问题就是建立一支得力的基层干部队伍，这对乡村治理有着决定性的影响。其次，在具

体的乡村治理过程中，善于发现弊端和短板，积极主动探索新路子，创新治理模式，并注重吸收民智，是我们在探索乡村治理模式时应该秉持的态度和思路。另外，如何提高村民的参与积极性和主动性，集中民智，推进自治发展，共享成果，继续前进，是一个需要不断摸索和与时俱进的问题。

第三章　“幸福村落”创建彰显自治大能量

党的十九大报告要求“加强农村基层基础工作，健全自治、法治、德治相结合的乡村治理体系”。陈家坝村实施的“幸福村落”建设即是充分体现乡村自治的鲜活基层实践样本。

第一节　“幸福村落”的创建缘由

“幸福村落”建设是在秭归县政府的推动下，适应农村社区治理的现实需要，在全县范围内启动实施的一种以“村落”为治理单元的新型社区治理模式，是对原有的农村社区建设模式进行修正、创新并细化的结果。根据秭归县的政策文件表述，村落指山区村民依山势地形居住，有着相同的地缘文化、农耕文化、习俗文化和亲情文化的最基本的自然单元。[1] 从实践情况来看，为了治理的需要，划分的村落往往比建制村、农村社区[2]的规模要小，甚至比村小组的规模更小。

自 2002 年开始，秭归县结合山区的实际及特点，大力实施“撤组建

① 周业琼. 秭归县“幸福村落”建设的运行逻辑［D］. 武汉：华中师范大学，2014：13.

② 此处的农村社区是指 2002 年秭归县探索乡村社会治理时，实施“撤组建社”，借用行政手段撤销村民小组，把一个村划分成的若干个“社区”。

社”[①]，并形成了广为人知的“杨林桥社区建设模式”。[②] 经过近十年的探索与实践，该模式在弥补村民自治缺陷、发展农村公益事业、促进乡村经济发展、密切干群关系、促进乡村社会和谐等方面发挥了较大作用，有力推进了农村社区的治理，促进了农村社会的发展进步。然而，随着经济社会的不断发展与急速转型，再加上受到农村“合村并组”改革的影响，原有的社区治理模式面临着新的问题与挑战，急需构建一种新的农村社区治理模式。

一、村组范围大，组织群众难

农民是原子化的个体，把农民组织起来一直是乡村治理中的难题。秭归县地处鄂西北山区，山高人稀，居住分散，组织群众更是难上加难。合村并组之后，一般建制村的面积都大于 10 平方公里，还有部分村面积达到 20 平方公里，而一个村的平均人口却只有 2000 人左右。2002 年“撤组建社”时，部分建制村直接划分为一个“社区”，或者几个村民小组合并后划为一个“社区”。村、组范围过大，组织群众困难，无论是开会、学习或办理事项，村民往往因路途遥远等原因，拒绝参与乡村治理的各项事务。再加上居住分散，且留在村里的大多是老弱妇幼，村民之间的联络不紧密，他们通常对村民自治的事情不关心、不理会，只要不涉及切身利益，连开会都很难把村民召集起来，无法形成治理合力。如此状况，必定是与现代乡村社会治理的宗旨与目标相悖的。陈家坝村的面积虽然只有 4 平方公里，但山高路陡、地广人稀的环境同样成为组织群众的桎梏。

二、干部人数少，管理服务难

乡村干部人数少、任务重的情况一直是乡村干部队伍建设中备受关注的问题。合村并组前，秭归全县共有 432 个村、1728 名村干部。合村并组后，全县共有 186 个村、744 名村干部，村干部减少 984 人。[③] 一方面经过几轮

---

① “撤组建社”是秭归县探索实施的，撤掉传统的村民小组，建立农村社区，组建农村社区理事会进行村民自治的一种乡村治理创新模式。

② 李林修. “撤组建社”趟出村民自治新模式［J］. 乡镇论坛，2009（11）：11-12.

③ 佚名. 秭归创建“幸福村落”创新乡村治理［N］. 三峡日报，2013-10-08.

合村并组，村庄治理与服务的范围不断扩大，群众的利益诉求更加多元化；另一方面，作为当前乡村社会治理的主要力量——村干部的人数却在减少，往往仅靠2~3个干部对方圆十多公里的村庄进行管理与服务。如此这般，村庄治理的难度及有效性便可想可知。除了一些必须完成的事项及对上的行政性事务外，诸如矛盾纠纷化解、法规政策宣传、扶贫帮困等方面的工作很难兼顾，从而在一定程度上造成了村级管理与服务不到位的问题。

三、服务平台缺，精英作用发挥难

乡村振兴，精英人才是关键，平台搭建是基础。农村实施合村并组在一定程度上减少了平台，不利于精英作用的发挥。一方面，合村并组后，许多原村组的干部被减退，而部分干部在村组工作多年，对村组情况相当了解，也具有丰富的治理经验，他们的离职在某种程度上来讲，是一种人力资源的浪费。另一方面，改革开放之后，乡村涌现出大量经济、文化、治理等方面的精英人才，他们大多有抱负、有理想、有热情，在村民中有威信、有话语权，愿意发挥自己的聪明才智为村庄多做点事情。然而，乡村却普遍缺乏能够让他们大显身手的平台和载体，使他们的才干难以得到充分发挥。部分精英即使自发地做了某些好事，但也因“名不正言不顺”而很难保证作用的持久发挥。这样，由于平台的缺乏，造成了精英人才资源的浪费，使乡村治理缺少人才保障。

四、服务半径大，公益事业建设难

随着经济与社会的发展，农村居民的物质生活水平有了很大的提高，他们对精神生活的需求逐步增长。然而，不管是从行政村来看，还是从“村庄”、村小组的划分来看，地域范围或者说服务半径过大，健身、养老、文化、娱乐、基础设施建设等方面的公益事业很难覆盖到全体村民。再加上居住分散，利益诉求多元化，村民的意见往往不统一。当某项公益事业建设与某些村民无直接利益关系时，他们通常抱着“事不关己、高高挂起”的态度，甚至反对和阻挠，导致村庄的公益事业建设难以推进，公共服务的质量与水平得不到提升。

为了解决以上乡村治理中出现的新情况、新问题，秭归县在原有的“杨林桥模式”的基础上，创造性地提出了“幸福村落”创建模式，开辟了乡村社会治理与创新的新途径。秭归县从 2011 年 6 月开始实施“幸福村落”的创建，起初是以茅坪镇建东村、水田坝乡王家桥村、九畹溪镇界垭村为试点，2012 年 12 月才在全县全面推进。陈家坝村正是在全县整体推进的背景下，启动“幸福村落”创建工作的。

第二节 “幸福村落”创建的具体做法

“幸福村落”创建是在秭归县委、县政府的推动下，以村落为基本单元，以村落理事会为主要载体，以“两长八员”（村落理事长、党小组长；经济员、宣传员、帮扶员、调解员、维权员、管护员、环保员、张罗员）为基本队伍，以全村落村民为服务对象，以“七项任务”（大力发展村落经济、努力改善村落民生、积极建设村落设施、不断繁荣村落文化、及时化解村落矛盾、着力解决村落困难、切实保障村落权益）为根本要求，以“九个得到”（经济得到发展、民生得到改善、环境得到保护、设施得到建设、乡风得到净化、正义得到伸张、矛盾得到化解、困难得到帮扶、权益得到保障）为主要目标，以促进村落和谐发展、提升村民幸福感和获得感为根本目的的农村社区治理创新模式。

一、搭建组织架构、完善工作制度

搭建组织架构和完善工作制度是“幸福村落”创建的基础。在“幸福村落”创建工作全面铺开之后，为了确保“幸福村落”创建工作的顺利进行，县委县政府先后发文，对“幸福村落”创建的目标、任务、措施、考核等进行全面部署和安排，使“幸福村落”创建工作有章可循、有据可依。由于“幸福村落”创建工作最终要依靠村级层面去实施与落实，因此，村级层面的组织架构对于“幸福村落”创建具有十分重要的意义。

经过多次优化组合，目前“幸福村落”创建采取的“双线运行、三层架构”治理模式。一条线为党建工作体系，即以“村党总支—村落党小组—党员”为主线的三级架构；另一条线为村落群众自治体系，即以“村委会—村落理事会—农户”为主线的三级架构。在创建中，凡是村落有 3 人以上党员的，同步组建党小组；不足 3 名党员的，与邻近村落联合组建党

图 3-1　茅坪镇“幸福村落”创建推进会

小组。提倡村落党小组长兼任村落理事长，对于不具备兼任条件的，则分设。下页为陈家坝村“幸福村落”组织结构图。

二、尊重村民意愿、合理划分村落

尊重村民意愿和合理划分村落是创建“幸福村落”的首要前提。“村落”是在较小的范围内，充分调动村民的积极性，实现村民自治的小微治理单元。[①] 村落的划分遵循“地域相近、产业趋同、利益共享、有利发展、群众自愿、便于组织、尊重习惯、规模适度”的原则，其规模大小不作统一规定，是从实际情况出发，从治理的需求出发，从最有利于工作开展的角度出发，进行区域、范围及个数的划分，并不简单地等同于原先的村小组或社区。其具体划分是在充分调研、深入了解民意的基础之上，由村两委提出初步意见，提交全体党员、村民代表讨论通过，最后才制定实施的。既不是简单地套用以前小组的概念，也不是由村两委干部自行决定，而是充分体现了民意，因而从开始就得到了村民们的理解及大力支持。一般情况下，一个村落有 50~80 户人家，涵盖 1~2 平方公里的范围。陈家坝村面积 4 平方公里，1016 户、2737 个居民，共划分为 13 个村落。

① 李永萍. 基层小微治理的运行基础与实践机制：以湖北省秭归县“幸福村落建设”为例［J］. 南京农业大学学报（社会科学版），2016（5）：46-54.

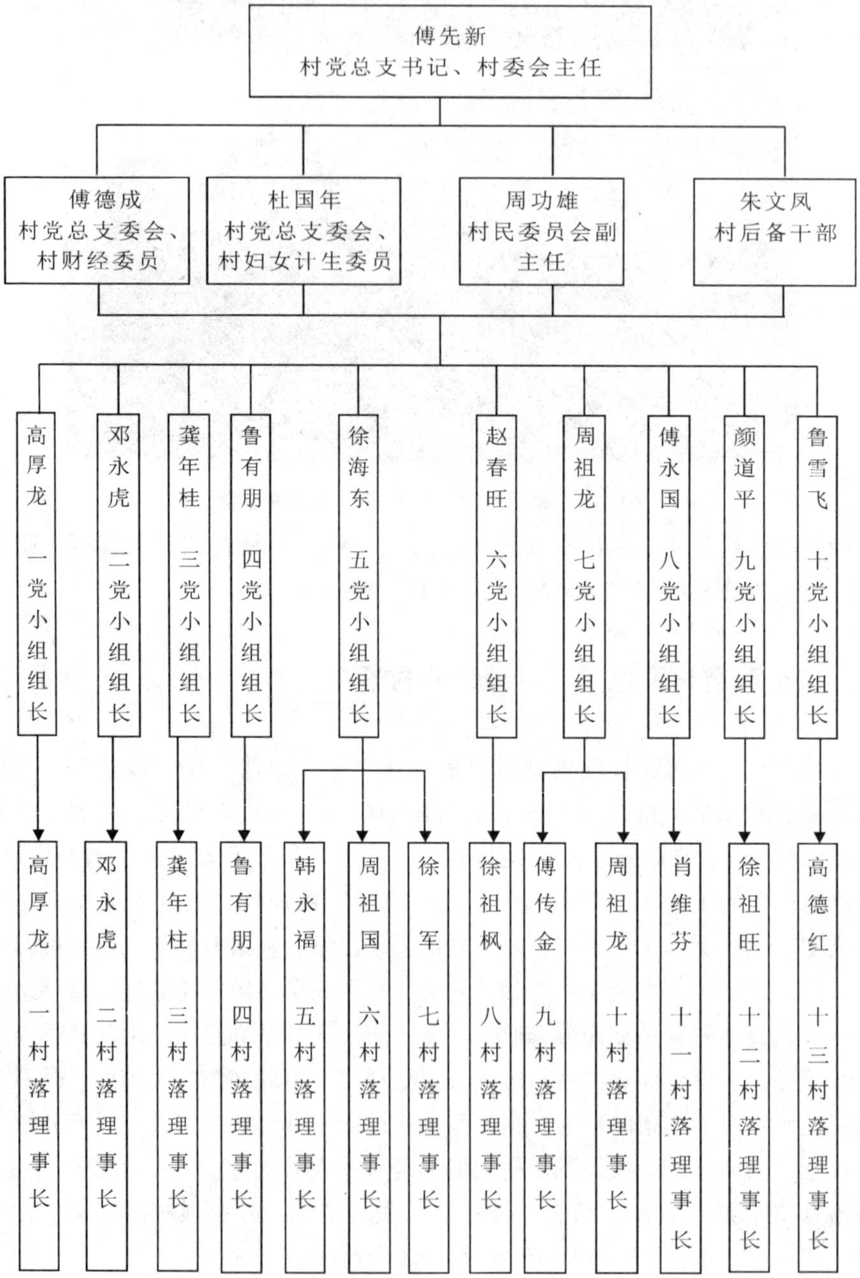

图 3-2 陈家坝村“幸福村落”组织结构图

三、设置村落理事会，选出“两长八员”

设置村落理事会，选出“两长八员”是“幸福村落”创建的关键与核心。创建过程中，把行政村划分为若干个村落，在村落内设村落理事会。村落理事会是“幸福村落”创建的重要载体，是带领村落内所有村民共同创建“幸福村落”的自治组织。一方面，通过村落理事会，把村落内的精英人才都凝聚到了一起，给他们一个展示自身才能的平台，也使精英人才成为村干部可以依赖的力量；另一方面，通过村落理事会，精英人才把村民们凝聚到了一起，带动村民实现自治，大大提升了乡村治理的效果。村落理事会由“两长八员”组成，“两长”即村落理事长、党小组长；“八员”即经济员、宣传员、帮扶员、调解员、维权员、管护员、环保员、张罗员。“两长八员”分工明晰、职责清楚。党小组长在党支部的直接领导下，负责本村落的各项党建工作。村落理事长负责按照要求组织村落的农户进行生产及销售、召开村落群众议事会、建立“幸福村落”创建工作台账等工作，简而言之，就是充分发挥“八员”的作用，积极带头和带领群众投身于“幸福村落”的建设。“八员”的工作根据其担任具体职责的不同而有所区别，基本上是专注于经济、宣传、帮扶、调解、维权、管理、环保、事务张罗等某一具体领域的工作。

“两长八员”的产生不能由村干部任命，而是采取民主方式，由村干部到村落主持召开村落群众会，由本村落的群众通过民主推荐、民主选举来产生，这充分体现了民意，可以把群众信得过、有才能、有本事的人推选出来。在“两长八员”中，一人可以兼多“员”，党小组长通常是村落理事长，其他各员中大多数是一人任一“员”，如果实在没有合适人选的，允许兼任，这样，“两长八员”的人数基本上在4~8人之间。“两长八员”实行动态管理，对于服务不到位、群众不满意的人员，经过村落群众议事会的重新推选后，可以随时撤换。

表 3-1　陈家坝村“两长八员”工作职责一览表

党小组长	在党支部的直接领导下，传达党组织的精神，动员党员在理事会的带领下充分发挥党员的先锋模范作用，做群众的思想工作。
村落理事长	（1）负责按照村和社区要求组织村落农户调整产业结构，规模化生产，集约化经营，统一产品销售，提高经济收入。 （2）教育引导村落群众遵纪守法、遵守村规民约、遵守社会公德、弘扬家庭美德和优秀民风民俗。 （3）充分发挥“八员”和党员的作用，更好地为村落群众服务。 （4）积极带头和带领村落群众投身“幸福村落”建设，每季度组织召开一次村落群众议事会，集中学习政策，及时了解和反映村落社情民意，积极为社区、村委会决策提出可行性参考意见。 （5）建立“幸福村落”创建工作台账，收集整理“幸福村落”创建相关资料。
经济员	（1）结合村落实际，引进推广新的种植养殖技术和优良品钟，加快村落农业产业结构调整，发展多种形式的产业化经营，推动农民产业化合作。 （2）牵头联系农牧产品的销售渠道，实现统一销售交易，让农民合法权益得到保障，让村落群众的收入得到提高。
宣传员	（1）向村落群众宣传党和政府在农村的各项方针政策、法律法规，宣传推广农村实用科学技术和致富信息，引导村民树立科学经营、科学种田、科学致富的理念。 （2）传承保护村落民风民俗、民间文艺文化。
帮扶员	向村落群众宣传各项救助扶贫政策，了解掌握并及时向上报告村落内困难家庭情况，动员村落群众力所能及地为困难村民解决一些实际困难和问题，确保村落内每一个困难村民都能得到帮扶。
调解员	（1）密切关注家庭邻里关系，主动化解村落内家庭矛盾，调解邻里纠纷，不使矛盾纠纷激化，尽力大事化小，小事化了。 （2）面向家庭广泛开展传统美德、家庭道德、责任意识教育，传播和谐理念，促进村落群众和谐相处。
维权员	（1）向村落群众宣传法律、法规，为村民提供维权咨询与服务，防范欺诈、坑蒙拐骗、维护村落治安，保障村落内弱势群体的个人合法权益不受侵害。 （2）禁止假冒伪劣农资产品及生活用品在本村落内销售，出现问题要及时帮助村民维权，为村民挽回经济损失。

续　表

管护员	（1）落实村落内山、水、林、田、路、电等公共资源及设施的管护责任，发现基础设施有较大损毁的，及时提请村落理事长组织维修。 （2）引导村民提高安全防范意识，做好防火、防盗、防破坏工作，及时消除安全隐患。
环保员	（1）向村落群众宣传环境保护法规，及时报告村落内发生的重大环境污染情况。 （2）带头和引导村民积极搞好家庭环境卫生、村落环境卫生整治，营造健康、卫生、整洁、舒适的村落生产生活环境。
张罗员	（1）主动为村落群众张罗组织红白喜事，引导村落群众易风易俗，传承良好的传统民间习俗和发展村落文化。 （2）组织村落群众开展丰富多彩、健康有益的文化、体育、科普、娱乐等活动，并积极组织参加各级文艺调演及相关竞赛活动。

根据秭归县、陈家坝村相关文件、政策内容进行整理。

表 3-2　陈家坝村“两长八员”名单

职责 村落	经济员	宣传员	帮扶员	调解员	监督员	管护员	环保员	张罗员
第一村落	金卫国	黎国铭	金　敏	黎国铭	金　敏	黎本军	金卫国	黎本军
第二村落	王明贵	陈会庆	周　建	周　建	邓永虎	王明贵	陈会庆	邓永虎
第三村落	李广梅	李广梅	陈　军	肖国海	陈　军	龚年柱	肖国海	龚年柱
第四村落	鲁有朋	鲁有朋	刘昌菊	周功文	周功文	刘宏斌	刘昌菊	刘宏斌
第五村落	刘国华	韩永福	刘国华	赵春秀	韩永福	赵春秀	刘国华	韩永福
第六村落	陈世玉	陈世玉	高秉虎	韩裕芳	韩裕芳	赵宝权	尤大元	高秉虎
第七村落	曾祥友	徐　军	徐海东	徐　军	徐　军	赵春虎	曾祥友	曾祥友
第八村落	陈世玖	王合智	徐祖桐	徐祖桐	姚兴春	徐祖桐	赵春旺	徐祖桐
第九村落	高秉前	高秉前	高秉前	傅承金	王太武	王太武	王太武	傅承金
第十村落	傅先礼	傅永国	向长元	肖维芬	黎开生	陈绪伏	向长元	肖维芬
第十一村落	傅　卫	徐祖望	颜道平	肖维寿	肖维寿	傅　卫	颜道平	徐祖望
第十二村落	韩庆田	杜支分	周祖龙	韩庆举	韩庆举	杜支分	韩庆田	周祖龙
第十三村落	刘银山	杜国年	刘银山	鲁雪飞	杜国年	鲁雪飞	高德江	高德江

根据陈家坝村村委会提供的相关材料内容进行整理。

四、建立激励机制，保障长效发展

建立激励机制，保障长效发展是“幸福村落”创建的有力保障。为了使“幸福村落”的创建保持持久活力，不至于落入“开始轰轰烈烈、过后归于沉寂”的窘境，建立相应的激励机制是十分必要的。为此，从县委县政府到各个村落，都有一系列的激励、考评机制来保障“幸福村落”创建的长效发展。

（1）建立“幸福村落”建设激励机制。村落理事会、“两长八员”的工作以无偿服务为主，适当给予补贴。他们工作的动力主要来自于群众的信任以及对自身价值的追求，当然，也离不开政府在资金方面给予的大力支持。县委县政府依据制定的《秭归县村落理事会以奖代补实施办法》，对县级、镇级、村级等不同层面的“幸福村落”创建进行奖励。一方面，加大对农村的投入力度，增加转移支付。近些年来，全县多方整合资金，逐步增加对农村建设的扶持，极大调动了村落干部的干事创业积极性。同时，财政适当增加村级转移支付资金，每年转移支付给每个行政村的 2 万元“幸福村落”建设资金，其中 1 万元直接拨付到村，用于村落工作经费；另外 1 万元拨付到乡镇，由乡镇对“幸福村落”创建工作进行考核之后，实行以奖代补。此外，县委每年对优秀的村落及“两长八员”进行表彰，并给获表彰的村落优先安排 20 万元建设项目。另一方面，通过“一事一议”的方式提供资金支持。县直各部门结合自身职能，以“一事一议”的方式为村落公益事业建设提供资金支持，重点投向村落的基础设施建设和产业的发展，为想发展、想干事的村落创造条件，激发了村落理事会及村民建设美丽村落的热情。

（2）建立“幸福村落”监督考评机制。多层级的监督考评机制，是推动“幸福村落”可持续建设的重要激励机制。在第一个层面，县委县政府制定并实施《秭归县“幸福村落”考核评选标准》，制定详细的考核内容及指标，并把“幸福村落”创建工作作为一项重要内容，纳入村级综合目标考核，同时与奖励补贴挂钩，使得“幸福村落”创建工作有章可循，逐步推动其向纵深处发展。在第二个层面，各乡镇将“幸福村落”创建工作纳入村级的综合目标考核内容，激励各村把“幸福村落”建设作为一项重要事务纳入工作议程。在第三个层面，各村通过定期通报、现场指导等方式开展检查督办。陈家坝村每月召开一次理事长会议，总结各村落本月工作并安排下月工作，同时按“好、一般、差”进行评比公示；各村落理事会适时召开“两长八员”会议，商议村落工作；年底，村落理事会向村民代表进行述职并接受测评，测评结果在村公示栏公示；村两委每年底对优秀“两长八员”进行一次综合评比表彰。

图 3-3 表彰“优秀理事长”

第三节 “幸福村落”创建的成效

“幸福村落”建成后，治理的重心下移了，在村落理事会的带动下，村民们主体意识高涨，积极参与到村庄治理当中，实现了“村民的事情村民办”，村干部则从繁杂的日常性事务中解放出来，有更多的时间和精力来谋划村庄的发展等宏观层面的大事。在多元共治的合力作用下，村庄的环境越来越好、基础设施越来越完善、产业发展越来越旺，村民的生活犹如“芝麻开花节节高”，陈家坝村的未来充满希望。

一、乡村经济得到快速发展

党的十九大报告提出实施乡村振兴战略，产业兴旺是其中一项重要任务和目标。乡村发展必须要有兴旺发达的产业作为支撑，只有建立适合当地条件与特点、能够充分发挥本地资源优势、具有一定市场竞争力的可持续性现代农业产业体系，才能够促进乡村经济的发展，激活乡村发展的活力，使乡村振兴名副其实。

在我国，农业经济发展速度较为缓慢，实力不强，基础薄弱，严重制约了整个经济与社会的发展。一方面，经济形式单一。对于许多乡村来说，产业结构不合理，种植业仍是主要的经济来源，规模化经营程度不高，不少贫困山区，还采取原始的农耕形式进行劳作，效率十分低下。另一方面，农村劳动力大量转移。随着外出城市打工的人群增多，青壮年大多离开了乡村，留下来的几乎都是老弱妇幼，许多家庭把农业当作副业，“无人种地”成为制约乡村经济发展的大问题。再加上农村普遍缺乏懂生产、懂技术、懂市场经济的劳动力，使农村经济发展的后劲不足，农村产业化生产受阻。

几年前，陈家坝村还是一个典型的贫困村、落后村，农民人均收入极低，是扶贫工作的“老大难”。实施“幸福村落”创建之后，陈家坝村在村党支部的领导下，在村落理事会的支持与帮助下，各村落因地制宜地实施产业结构调整，大力发展集体经济，鼓励发展个体经济，使全村经济奔向快速发展之路。一是产业结构趋于合理。之前，陈家坝村以种植水稻、小麦、油菜、玉米、红薯、花生为主，经济发展方式粗放，产业结构层次低，产品附加值不高，经济增长困难。“幸福村落”创建后，“经济员”对本村落的情况十分熟悉，他们利用自己在经济发展中的特长与优势，及时快捷地把最新市场信息、科技资讯传递到村民手中，并积极带动村民实施产业结构调整。对地理、气候、土壤等因素进行评估之后，把种植品种优化为茶叶、蔬菜和蜜橘，并逐步发展成为主导产业。同时，积极采用集约、高效的农业种植模式与技术，推动传统农业向现代农业转变，实现了农业增效、农民增收。二是经济实体加快发展。陈家坝村通过优化服务和招商引资，大力发展经济。在“两长八员”的协助下，该村引进了辉宏畜禽养殖公司、兴龙茶厂等6家企业，同时还自办金磊矿业有限公司，兴建宝塔河水电站，不仅使村民就业有了路子、致富有了门路，还带动了集体经济的发展。三是经济收入不断提高。通过产业结构的调整及经济实体的发展，村民富了，村集体也富了。2017年陈家坝全村经济总收入4150万元，农民人均收入9076元，村集体总收入55万元。与前几年相比，收入翻几番，村民的生活及消费水平都有了较大提高。

二、基础设施建设不断完善

农村基础设施泛指水、电、气、路、网等，它服务于村民的生产生活，直接决定着农村的经济社会发展与村民生活的幸福感，是乡村振兴的重要基础。我国政府十分重视农村基础设施的建设，2016 年中央一号文件要求“加快农村基础设施建设”，2017 年中央一号文件特别强调“加强农田水利设施建设”，2018 年中央一号文件提出“推动农村基础设施提档升级”。党的十九大报告首次提出“实施乡村振兴战略”，为我国新时代乡村的发展指明了道路。要落实这一重大决策部署，前提就是要补齐基础设施的短板。于是，2018 年 2 月，《中共中央国务院关于实施乡村振兴战略的意见》继续把基础设施建设重点放在农村，要求加快公路、供水、供气、环保、电网、物流、信息、广播电视等基础设施建设，推动城乡基础设施互联互通。以示范县为载体全面推进“四好农村路”建设，加快实施通村组硬化路建设。①

当前，我国农村基础设施建设取得了十分可喜的成绩，尤其是水、电、路等基础设施得到了较大的改善。但是，我们也应该看到，部分短板仍然存在。例如：农村道路建设质量较差，疏于维护；电网设备质量较差，用电成本高；集中供水比例较低，用水安全难以保障；互联网普及率较低，城乡差距大。这些“短板”极大地制约了我国乡村的发展。

陈家坝村地处山区，曾经也是“路难走、水难喝、电难用”，创建“幸福村落”之后，全村上下齐心协力，掀起了基础设施建设的热潮。一方面，村民当家作主，积极投身于基础设施建设。以“两长八员”为平台，村民自己推选“当家人”，自己商定基础设施建设规划，实现自我管理、自我建设。村民把村庄的事看成自己的事，把村庄的建设看作“家”的建设，愿意出谋划策、愿意投工投劳，极大地推动了村庄基础设施建设。另一方面，“两长八员”示范带动，充分调动群众的建设热情。“两长八员”有公益心、有事业心、有才干，是群众自己选出来的“当家人”。在基础设施建设过程中，他们积极宣传，广泛动员，以身作则，利用自身的优势或资源，发动社会各界筹资筹劳，啃下了不少多年来基础设施建设方面的“硬骨头”。公路建设方面，自“幸福村落”创建以来，陈家坝村新修了 3 条长度为 4 公里

① 中共中央国务院关于实施乡村振兴战略的意见［EB/OL］. 新华网.［2018-02-04］. http：//www. xinhuanet. com/politics/2018-02/04/c_ 1122366449. htm.

的道路，硬化了 2 条长 2 公里的道路，95%的农户已经通了公路，有村内联通道路 2 条、对外联通道路 2 条，实现了组组通路、村内互通、对外联通，极大改善了村民行路难及运输难的问题。目前第 6 村落理事会及村委会正在磋商，准备连通第 4 村落通往第 6 村落的一条断头公路。除此之外，陈家坝村的党员群众服务中心通过提档升级已投入使用；318 平方米的老年人互助活动中心落成并配套完善；修建了三个大广场及各村落“六小”文化活动广场；新建了公共洗衣洗菜池 1 口、洗衣洗菜遮阳棚 1 个；新建水厂 3 个，自来水供水管道 7 千米，安全饮水达 95%以上；安装太阳能路灯 95 盏、新增公用垃圾桶 70 个。通过“幸福村落”的建设，陈家坝村基础设施不断完善，村民的生产生活条件得到极大的改善，看得见、摸得着的实惠有效提升了村民的幸福感与获得感。

图 3-4　村落组织村民新修公路

三、环境卫生状况逐步好转

党的十九大报告提出乡村振兴战略，其中建设生态宜居的好环境是一项重要内容。可见，如今的乡村，不仅需要经济发展、生活富足，而且需要有宜人的环境、清新的空气。

近些年来，乡村的产业逐步发展，基础设施不断完善，人均收入逐步提高，然而，环境卫生工作却不尽如人意，普遍存在着污染严重、杂物乱堆、污水乱泼、垃圾乱倒等行为，阻碍了生态宜居环境的建设。

图 3-5 村落理事长组织村民抢险救灾

曾经的陈家坝村垃圾遍地、杂草丛生、污水横流，可谓是“脏、乱、差”。自建设“幸福村落”以来，陈家坝村依托于理事会，在“两长八员”的带动与监督下，通过制定村规民约、打造志愿服务队、实行积分制等形式，实现了“人人主动搞卫生、搞好卫生为人人”的美好愿景，使陈家坝村的村容村貌有了翻天覆地的变化。一是在村落理事会中设置专门的“环保员”，环境卫生有了专门负责人。陈家坝村高度重视环境卫生工作，在“两长八员”中设有专门的“环保员”，负责向村落群众宣传环保方面的法律法规，及时报告村落里的环境污染情况；带头和引导村民积极搞好家庭环境卫生、村落环境卫生。有了“管护员”的宣传、指导和监督，村庄的环境卫生工作做得越来越好，村民们的环境保护意识也越来越强。二是成立“天蓝地绿”志愿服务队，形成了人人做卫生的良好氛围。为了调动全体村民做卫生的积极性，推进环境卫生工作的可持续发展，在专家的指导下，陈家坝村成立了“天蓝地绿”志愿服务队，把党员、团员、普通居民等志愿为群众和村落提供服务的人员集中起来，共同进行垃圾清扫、清运的志愿或低偿服务，实现“路面干净、沟渠畅通、河道无垃圾、公共场所卫生”。同时，制定了志愿者章程，划分责任区，确保组织的规范、科学运行。三是把环保内容写进村规民约，逐步改变村民的陋习。经过全体村民表决通过之后，陈家坝村把环境卫生的相关内容写进村规民约。对于不主动搞好村落环境卫生的行为，村规民约里都有相应的惩处措施。在“管护员”的监督下，村民们大都能主动遵守村规民约，逐步改变以往乱扔乱丢、乱堆乱放的陋习。四是实行积分制，激发村民做卫生的积极性。仅凭被动服务或精神奖励，环境卫生工作很难持久，陈家坝村把积分制运用于环境卫生管理，通过制定积分管理制度、确定具体的积分分值及积分兑换办法、召开积分表彰大会等形式，保障志愿者的权益。在志愿者的示范带动下，大家都加入到志愿服务的队伍中来，现在村民见面的问候语不再是“你吃了吗?”，而变成为“你积分了吗?”可以说，如今的陈家坝村空气清新、地面干净整洁、房前屋后花草遍地、泥土的芬芳伴随着四季飘香的蔬菜瓜果香味让人陶醉，俨然一个“世外桃源”。

四、群众内部矛盾有效化解

根据马克思主义哲学观点，矛盾具有普遍性，矛盾无处不在。党的十九大报告也指出“社会是在矛盾运动中前进的，有矛盾就会有斗争”。相对于城市社区，乡村社区是“熟人社会”，村民们祖祖辈辈都住在一起，家家户户都认识，朝夕相处难免产生矛盾，如邻里矛盾、婆媳矛盾、官民矛盾等。再者，我国乡村实行村民自治，管理比较松散，一般的小事情都在村里解决，难免在细节处由于处置不当而产生内部矛盾。尤其是随着经济与社会的发展，新的利益输入，新的矛盾种类不断增加，矛盾涉及面更广，极易引发群体性事件，务必引起各方高度重视。

其实，一般说来，村民之间的内部矛盾并不是什么“深仇大根”，都是“鸡毛蒜皮”之类的小事，但如果处理不好就可能演变成大事，甚至酿成悲剧，直接影响到乡村社会的和谐稳定。村委会固然在调解村民纠纷方面有责任，也做了大量工作，可毕竟是“人少力量小”，很难事无巨细。况且村委会在疲于应付各项行政性事务的同时，必然减少了走家串户的时间，一旦没能及时察觉、化解社会矛盾纠纷，就有可能使小矛盾变成大冲突，引起事端，或导致上访事件的发生。

陈家坝村曾是全县有名的“难缠村”“上访村”，村民之间“大吵小闹不断”，相互之间感情淡薄。“幸福村落”建设后，村落理事会承担了许多以前由村委会直接负责的日常性事务，作为非行政性组织，他们有更多的时间与精力下田间、到地头，与村民沟通，既联络了感情，又增进了了解，能够及时有效地化解村民心中的疑惑，扼杀某些不和谐苗头。村落理事会的“两长八员”中设有专门的调解员，他们的基本职责之一就是密切关注家庭纠纷、邻里矛盾，主动化解，碰到调解员无法完成的矛盾调解任务，其他“七员”和理事长则会一起帮忙解决，如此这般，普通的村民内部矛盾都能得到较好的处理。正如第 4 村落党小组长和理事长鲁发朋所说的：村落里都是熟人，沾亲带故，相互有约束，我们能做成一些村干部难做成的事。① 除了直接调解之外，调解员还负有面向全村开展传统美德、家庭道德、责任意识教育的职能，这种既治标又治本的工作理念与方式，播撒了和谐与爱的种子，从源头了杜绝了矛盾与纠纷的产生。此外，“两长八员”是村民自己选举出来的公道人，他们有威信、值得信赖，他们的话，村民愿意听、听得进。况且“两长八员”都是土生土长的当地人，对村民之间的矛盾渊源十分清楚，说话做事能够抓住矛盾的核心和重点，往往通过一个促膝谈心、一个交流沟通，甚至一句话，就让双方释然，从而有效避免小摩擦小矛盾严重化。例如，第 4 村落的调解员周功文虽然年事已高，但村落里 167 户人家有任何小矛盾小纠纷，他都及时出面调解，不厌其烦，使大事化小、小事化了，有效促进了村落的和谐与稳定。②据统计，仅“幸福村落”创建后的第一年，县乡受理的来信来访、矛盾纠纷就比往年同期下降了 31%。现在，村落理事会是社会矛盾的调解员，是村民信赖的知心人，矛盾纠纷调解率达 100%，成功率达 90%，村民之间互相理解、互相帮助，矛盾逐渐减少，近 3 年内无重大事故，无刑事案件和越级上访事件，是实实在在的“安全文明村”。

五、精神文明建设成效显著

根据辩证法的观点，物质变精神，精神变物质，物质与精神是辩证统一的。深化乡村精神文明建设，对于提高村民素质、推动社会进步与发展具有重要意义。实施乡村自治，要把精神文明与物质文明一起抓，引导广大村民培育良好的乡风民风，全面提升乡村精神文明风貌。

在国家对乡村建设高度重视的背景下，农村的精神文明建设蓬勃发展，

①② 杨麟. 从“脏乱差”到“白净美”：陈家坝村探索乡村治理新路径［N］. 湖北日报，2017-12-05（3）.

农民的生活日益丰富，一度单调沉闷的农村文化生活开始变得丰富多彩。尽管如此，但还是存在一些令人担忧的问题：打牌赌博的现象时有发生；封建迷信思想有抬头的倾向；部分村民只顾挣钱，忽视精神文化方面的生活，参与文体活动的积极性与热情不够。

图 3-6　陈家坝村模范评选

针对精神文明建设方面存在的问题，陈家坝村充分发挥理事会的作用，坚持多年如一日狠抓精神文明建设，取得了显著成效。一是精神文明风尚遍地开花。陈家坝村在“宣传员”的安排下，充分利用广播、宣传栏、墙壁文化等形式，全方位、多领域、广范围地开展精神文明宣传教育活动，普及法律，宣传政策，传播正能量。在“张罗员”的主持下，村庄移风易俗，所有红白喜事简化办理，传承良好的民间习俗，引领积极向上的精神文明风尚。二是精神文明阵地不断完善。陈家坝村十分重视精神文化活动阵地建设，在资金十分困难的情况下，多方筹资并积极争取项目，建设了以活动室、活动广场为主的精神文化活动阵地。党员群众服务中心宽敞明亮，集“农家书屋”“健身室”“文体活动室”“远程教育点”为一体，方便村民在此开展各项室内活动。另有中心广场、移民居民点和翁桥沟居民点标准化小广场、各“村落”的“六小”文化活动广场，一起构成了村民精神文化活动家园。三是精神文化活动丰富多彩。陈家坝村以群众的需求为出发点，以精神文化阵地为载体，在理事会的大力协助下，在“张罗员”的具体负责下，积极开展贴近实际、贴近村民生活的各项精神文化活动，不仅丰富了村民的生活，而且使村民在潜移默化中受到了教育。借助“敬老节”活动，引导村民遵纪守法、孝老爱亲、邻里和睦、互助互爱；借助“妇女节”“建军节”庆祝活动及“应届大学生及家长座谈会”等机会，表彰先进、树立典型，激励广大村民向先进看齐、向模范学习。多姿多彩的活动丰富了村民的生活，提高了村民的修养，营造了良好的乡风民风。四是模范的力量激励人心。陈家坝村十分注重挖掘模范典型人物，每年开展“十星级文明户”“最受尊敬老人”“孝老爱亲模范”“优秀村落”“优秀理事长”等评选活动，并借助于村宝塔河农民之声广播室大力宣传先进人物，充分利用模范的典型带动作用，激励、引导村民向身边人学习，推动精神文明建设向前推进。

六、干部缺乏问题得以缓解

乡村干部是党和国家在乡村基层治理与发展中的中坚力量，扮演着党的方针政策宣传者、贯彻者与落实者等多个角色，是新时代带领村民走上致富路、共奔小康生活的带头人与领导者。乡村干部不仅关系到乡村自治的实现，关系到乡村的振兴与发展，更是关系到党的执政基础与执政地位。

在传统乡村的“熟人社会”里，大家因血缘关系和地缘关系结合在一起，宗族制度对乡村的生存和发展起着重要的保障作用，村民之间知根知底，大家互帮、互助、互利，乡村社会治理有序。随着改革开放的不断推进，乡村社会关系由“熟人社会”转变为“半熟人社会”，乡村宗族制度逐步走向衰败，个人权利意识崛起，价值观念多元化，社会矛盾复杂化，整个乡村事实上处于一种散漫的状态。社会治理的难度与挑战与日俱增，乡村干部的责任与任务也逐步加大。然而，乡村干部人数少、力量薄弱、能力不足是我国乡村干部队伍建设的通病。尤其是在经济体制转轨和社会转型的关键时期，乡村干部队伍建设中的人员缺乏问题更加凸显。一是现职干部数量不足。乡村是我国社会治理的末梢，党和国家各项方针政策的具体实施都离不开乡村干部，可谓是“上面千条线，下面一根针”，村干部的工作量之大可想而知。可是，一般村委会的干部职数只有4~5人，比起繁杂的乡村事务而言，显然过于单薄，特别是在地广人稀的山区，村民居住比较分散，村干部的工作量和工作难度更大，干部数量愈发显得不足。二是后备干部人选不足。随着乡村大量年轻人进入城市打工或经商，留在乡村的大多是老弱妇幼，很难挑选出有担当、能干事、愿干事的年轻人，后备干部的备选人员缺乏。再加上部分村干部由于思想上认识有偏差，不愿意或者不注重村级后备干部的培养，没能探索出培养后备干部的途径和方法，导致后备干部储备不足。

图 3-7　村落理事长召开户主会议

在这个问题上，陈家坝村也没能幸免。作为一个典型的山区，山大人稀，居住分散，社区规模过大，社区治理的任务繁重。然而，村干部的职数少，村两委干部只有 4 人，后备干部 1 人。如果仅靠这几个人，显然只能勉强应付日常工作的需要，很难在乡村“善治”和乡村振兴方面有改观。实施“幸福村落”建设之后，村庄的治理单元变小，理事会的作用变大，村民作为治理主体积极参与到社区治理当中，大家群策群力，有效解决了村干部不足的问题，有助于推进乡村治理走向“善治”。一是村民自我管理，减轻了乡村干部的治理难度。在“积分制”等激励制度的作用下，村民们通过志愿者组织、社会组织等形式自愿参与到社区治理当中，基本实现了自我管理、自我教育、自我服务，无须村干部花太多的心思来管理与服务村民。二是理事会的作用大，分担了乡村干部的治理任务。村落理事会把村里有威望的能人、明白人、热心人都组织起来了，他们通过这个平台，既展示了自己的才能、实现了自我价值，又为村里分担许多事务，如矛盾纠纷调解、红白喜事张罗、环境卫生整治、新农保新农合基金收缴等，成为乡村自治中不可小觑的力量。这样，村干部就可以从繁重的日常事务中解脱出来，转而考虑创新与发展之类的大事，有效解决了乡村干部不足的问题。

七、党群干群关系日益密切

“全心全意为人民服务”是共产党的根本宗旨和一切工作的出发点与落脚点，密切联系群众是党最大的政治优势。在长期的革命与建设过程中，党与人民群众同甘共苦、患难与共，结下了鱼水深情，赢得了人民群众的拥护和爱戴。随着政权的巩固、经济与社会的发展，党群干群关系不可避免地发生嬗变，脱离群众的危险十分突出，严重影响了党的执政基础，成为不可忽视的政治问题。

随着新型城镇化和农业现代化不断推进，农村在房屋拆迁、土地征用、集体资产处置等方面极易引发诸多矛盾，而政府为了减少与个体农户直接对接所产生的较大治理成本，往往会采取均质化的应对策略，这样难免会使部分农户的正当利益受到忽视或损害。再加上部分乡村干部思想认识不到位、素质不高、工作方式方法欠佳，缺乏与群众的沟通与交流，在一定程度上造成了党群干群关系紧张。一方面，村委会、村干部忙上忙下、忙里忙外，既要与上级有关部门对接，传达、贯彻上级政府的有关指示和精神，又要忙于村里的社会治理、集体经济发展等事务，工作压力大，待遇报酬低，职业满足感和获得感不强；另一方面，群众不领情，一旦有某些具体问题不能得到及时解决，群众就会对村委会、村干部抱有怨言、存在抵触情绪甚至仇视心理，进而不配合村干部的工作，认为村务都是村里的事、是干部的事，与自己不相关。这样，在党群干群关系紧张的状态下，村民不理解、不支持村级事务，村委会及村干部的工作不能顺利开展，直接造成党和政府的各项方针政策难以落实到位，村内各项事业也难以发展。

陈家坝村作为一个普通乡村，曾经也面临着党群干群关系不和谐问题。然而，“幸福村落”创建之后，这一不良现象得到了较大程度的改善。以前，许多必须由村委会、村干部做的事情，现在由村民自己做了，村民当家做了主人，自然开始关心村级事务，也更加支持并主动参与各项事务的建设之中。再加上有村落理事会这个村民自组织把村民组织起来了，理事会的力量更强、平台更广，必然成为村委会、村干部、党员与村民之间的桥梁与纽带，起到了关系缓冲与润滑作用。于是，村干部解脱出来了，他们有更多的时间思考、规划村级发展大事。党员干部站出来了，他们以自身的模范行动影响村民、带动村民、团结村民。村庄发展越来越好，村民们对村委会和村干部有了更多理解和支持，关系逐步得到了改善。此外，在理事会的组织带动下，群众工作更好做了，许多长期得不到解决的问题，现在都迎刃而解，村民的幸福感与获得感逐步增强，对理事会的信任与日俱增，理事会的威望日渐提升，倒逼村委会、村干部转变工作作风，去全心全意为村民服务。如此这般，不和谐的因素被剔除，党和国家的方针政策能够得到较好的落实，村委会的工作能够得到较好的开展，党员的模范带头作用得到了较好的发挥，村民们重拾对党和政府的信任，党群干群关系进一步密切。

八、党的执政基础更加牢固

“三农”工作一直是党的工作重点。做好“三农”工作，实现乡村振兴，关键在于基层党组织。党的基层组织是党在农村工作的基础，是推动农村建设与发展的战斗堡垒。党的十九大报告指出：“党的基层组织是确保党的路线方针政策和决策部署贯彻落实的基础。要以提升组织力为重点，突出政治功能，把企业、农村、机关、学校、科研院所、街道社区、社会组织等基础党组织建设成为宣传党的主张、贯彻党的决定、领导基层治理、团结动员群众、推动改革发展的坚强战斗堡垒。”① 党中央对党的基层组织建设的新部署、新目标，我们应认真贯彻落实。

然而，我们必须清楚地认识到，目前农村基层党组织的建设仍然不甚理想，部分基层党组织存在弱化、虚化、边缘化的问题。与农村经济社会发展的状况相比，基层党组织的建设水平偏低；与“乡村振兴”的伟大战略相比，基层党组织建设的提升空间还很大。例如：面对农村组织的日益多样化及利益诉求的多元化，党组织的设置还存在空白点；面对人口的频繁流动及农村的“空心化”，党组织后继乏人；面对农村社区治理的复杂环境及脱贫攻坚的繁重任务，党组织的战斗力、创造力和凝聚力有待提升。以上这些“短板”严重削弱了党在农村的执政基础。我国社会主义现代化建设进入新时代，面对新形势、新情况、新问题，如何加强农村基层党组织建设，巩固党在农村的执政基础，成为一个重要而紧迫的问题。

陈家坝村深谙农村基层党组织的领导核心作用，于是，在“幸福村落”创建中把加强基层党组织建设作为一个重要工作来抓，达到以党建促创建的效果。第一，加强教育培训，大力提高党员综合素质。党员队伍是基层党组

① 习近平. 决胜全面建成小康社会 夺取新时代中国特色社会主义伟大胜利［M］. 北京：人民出版社，2017.

织的主体，党员的素质决定着党组织的整体素质。陈家坝村通过制定培训学习计划、丰富学习内容、改进学习方式等措施，强化党员教育和培训，使党员切实掌握了新时代做好农村工作的本领与方法。第二，搭建平台载体，充分发挥党员先锋模范作用。村落理事会既是村民自治的组织，又是党员发挥先锋模范作用的平台与载体。在全村推选的58名“两长八员”中，党员就有17人。这些党员有了施展才能的平台，他们以身作则，在各方面起到模范带头作用，犹如一面面旗帜，引领着全村人民奔向小康之路。例如：第12村落的一类低保户陈义足的房屋成了危房，但无力盖新房，在理事长老徐的号召下，“八员”、党员及志愿者齐心协力、出工出力，帮助陈家建造了新房。第三，紧盯“空白点”，织密基层组织网络。陈家坝村针对新经济组织、社会组织、农业合作社、隶属关系不明的经济联合体等党建“空白点”，在全面覆盖和有效覆盖上下功夫，合理调整党组织网络，加大党组织在“空白点”的建设力度。凡村落内有3名及以上党员的均成立党小组，延伸了基层党组织的骨架，织密了基层党组织的网络。目前，全村设党总支1个，党支部2个，党小组10个，党员79人。因工作突出、成效显著，多次被上级表彰为“五好基层党组织”。第四，积极选拔培养，壮大党员队伍。陈家坝村通过村落理事会、志愿者组织等形式把村民组织起来了，村民们有了施展才干和抱负的平台，一大批有思想、有能力、觉悟高、素质强的人才“冒”出来，为充实党组织队伍奠定了基础。经过党组织的精心培育，绝大多数精英人才都被吸纳到党的组织之中，党员队伍逐步壮大。

第四节　“幸福村落”创建应注意的问题

“幸福村落”创建推动了乡村自治的发展，成效显著，但也存在一些不容忽视的问题，值得我们关注、思考和改进。

一、村落理事会的行政化问题

村落理事会是非行政性的、基层群众自治性组织。村落理事会开展的工作是村委会工作的一种补充，两者之间的关系应该是平等合作的关系。然而，在实际治理过程中，村委会有将理事会看作是其“下属机构”的倾向，把两者的关系错误地看成上级与下级、主导与服务的不平等关系。这样容易产生三种不良后果：一是束缚了村落理事会的手脚，使得村落理事会的作用很难发挥，严重挫伤村落理事会成员积极性；二是当村落理事会与村委会的意见不一致时，村委会有可能使用行政手段迫使理事会屈服，而当理事会坚持己见时，就有可能造成两者关系的紧张甚至对抗，激发出新的矛盾，影响和谐；三是村落理事会作为体制外精英参与乡村治理，极易被行政化，使群众性的理事会带上浓厚的行政性色彩，使非正式性的理事会成员变成准村干部，从而完全违背了建立理事会的初衷。为此，无论在思想上还是在实际工作中，都要严守“村落理事会是基层群众自治性组织”这个底线，否则就会使“幸福村落”建设走上一条错误之路。

具体来看，一是进一步理顺体制机制，通过宣传教育等形式，强调村落理事会的性质，使村委会和村落理事会摆正各自的位置，理顺两者之间的关系，杜绝理事会的行政化；二是可以适当给予“两长八员”一定的补贴，但纯粹是一种对工作开支的必要补贴以及对工作的肯定和激励，但不要以工资的形式发放，否则，村落理事会的行政化之势不可阻挡，乡村自治也就失去了存在的根基。

二、村落理事会的能力提升问题

村落理事会是“幸福村落”创建中的重要载体和平台，“两长八员”是这个载体和平台上的主角。村落理事会的能力如何将直接决定着“幸福村落”建设的质量与水平，关系着各项建设目标的实现。从目前来看，大多数“两长八员”都是能人，都在某一方面具有特长，他们能够为“幸福村落”的建设做出自己的贡献。然而，社会是发展的，环境是变化的，村落理事会“两长八员”的能力建设必须要跟上时代的发展，否则，将会面临着“能力不足”的问题，使治理的效果大打折扣。这种能力不足的问题主要体现为两个方面：一个方面是村落的发展变化对村落理事会的能力提出挑战。村落是基于当地条件及特点，根据治理的需求划分的，因此，村落的情况千差万别，对村落进行治理也没有统一的标准和模式，各村落必须根据本村落的实际情况，实施发展经济、调解纠纷、帮贫扶困、设施管护、环境卫生、事务张罗、政策宣传、权益维护等方面的具体治理事宜。另一个方面是需求的变化对村落理事会的能力提出挑战。随着社会的发展变化，人们的需求逐步多元，对服务的数量与质量的要求均有所提高。这就要求，村落理事会成员有足够的能力来应对这种变化，从而为村落的村民谋求更多福利。

为此，加强村落理事会能力建设，促进村落理事会的能力逐步得到提高是一项重要任务。教育与培训是提升“两长八员”队伍整体素质，促进“两长八员”治理能力提升的有效途径。教育的形式应多样化，可以采取专家讲座、经济交流、外出学习等形式进行；教育的内容应具有针对性和实践性，应根据“两长八员”治理项目的需要设计教学内容，并把理论教学与实践操作结合起来，使学的理论真正用得上，使实践工作都能得到理论的指导；教育计划的制订与安排应具有科学性与长效性，应根据村民的生产和生活实践、根据学习的需要合理科学安排学习计划，并确保学习计划的系统性与持续性，使之能够真正对“两长八员”的能力提升起到促进作用。

三、村落理事会的可持续性问题

村落理事在目前的“幸福村落”建设中发挥着重要作用，是乡村自治的一股不可忽视的“编外工作队”。他们与村干部不同，不拿工资，不是干部，是自己人，是志愿服务。这样一支乡村精英队伍的可持续发展对于“幸福村落”的建设及乡村振兴都有着重要意义。然而，在陈家坝村乃至整个乡村，普遍存在着精英人才外流、乡村“一才难求”的尴尬局面。一是后备力量不足的问题。村落理事会的成员大多是老党员、老干部、退休教师、农业技术骨干、致富能手，通常年龄较大，面临着再干几年也得“退休”的情况。而随着农村人口向城市流动的加剧，留在村里的年轻人、能人越来越少，在村落里挑选“两长八员”的难度越来越大。如果这批六七十岁的“两长八员”干不动了，村落理事会将面临后继乏人的窘况。二是激励不足的问题。“两长八员”是群众选举出来的，在村落这个熟人社会里，“面子”和“荣耀”很重要，再加上大多数“两长八员”的家庭境况都不差，物质比较富足，对精神方面的追求更多一些，所以，他们乐意为了群众的信任而担此大任。然而，一时的激情容易有，长久的坚持很难有。一旦当精神的刺激不再有效，成员在物质与利益的权衡中重新做出选择后，难保他们还会将此无私奉献而又不讨好的志愿服务继续下去。就拿村落议事会来说，村落议事会一般都在村落理事长的家里召开，烟、茶、水、电的消耗是必不可少的，如果再搭上一顿饭……长此以往，估计很难保证每个村落理事长都能坚定信念不动摇。本来就少的精英人才，如果还有人不再愿意干，村落理事会的明天会怎么样？因此，村落理事会的可持续性问题务必引起高度重视。

首先，应在本村落里大力培育、发掘青年人才，把有能力、有热情、讲乡情、讲奉献的年轻人组织利用起来，充分发挥他们在信息技术等方面的技术专长为村落服务，并给予及时的肯定与表彰，激发他们为村落服务的热情。其次，应积极争取村、乡镇的支持，大力发展乡村经济，夯实基础设施，增加就业机会，吸引优秀人才回流，为村落理事会的建设提供人力支持。再次，采取精神激励与物质激励并重的方式，强化对“两长八员”的长效激励。精神激励方面，每年的“优秀村落”“优秀村落理事长”的选拔与表彰活动应该持续开展，并尽量扩大表彰的范围与宣传的力度，切实满足“两长八员”的精神需求。同时，可以考虑在表彰中对“八员”增加表彰项目，如分设“优秀经济员”“优秀宣传员”“优秀张罗员”等，使得每个成员都有被肯定、被表彰的机会。物质激励方面，每年的补贴应充分考虑到实际工作的需要，不能让理事会成员自己垫付太多，而且应建立相应资金拨付及资金使用的监督制度机制，确保理事会这一组织的长效运转。

小　结

在乡村社会治理的道理上，秭归县采用“撤组建社”的模式探索了近十年，取得了一定的治理效果。然而，随着社会的转型与发展，此模式面临着几个比较突出的问题。一是村组范围大、组织群众难；二是干部人数少、管理服务难；三是服务平台缺、精英作用发挥难；四是服务半径大、公益事业建设难。为此，在秭归县的统一规划与安排下，以全面推开“幸福村落”建设为动力，陈家坝村于2012年开始正式实施“幸福村落”建设。在创建过程中，陈家坝村主要从四个方面着手，一是搭建组织架构、完善工作制度；二是尊重村民意愿、合理划分村落；三是设置村落理事会、选出“两长八员”；四是建立激励机制、保障长效发展。经过六年的建设与努力，陈家坝村的“幸福村落”建设成效显著，整个村庄从村容村貌、环境卫生到经济建设、基础设施等方面均发生了翻天覆地的变化。具体而言，一是乡村经济得到快速发展；二是基础设施建设不断完善；三是环境卫生状况逐步改善；四是群众内部矛盾有效化解；五是精神文明建设成效显著；六是干部缺乏问题得以缓解；七是党群干群关系日益密切；八是党的执政基础更加牢固。成效是显著的，然而，潜在的问题也不容忽视，例如，村落理事会行政化的问题、村落理事会的能力提升问题、村落理事会的可持续性问题。这些问题务必引起高度重视和深思，采取切实有效的措施加以解决。

第四章　村规民约助推乡村自治

党的十九大报告提出实施乡村振兴战略，要求“加强农村基层基础工作，健全自治、法治、德治相结合的乡村治理体系”。早在 2014 年，《中共中央关于全面推进依法治国若干重大问题的决定》就强调要“发挥市民公约、乡规民约、行业规章、团体章程等社会规范在社会治理中的积极作用”。可见，在乡村振兴的大背景下，在深化乡村自治的实践中，应当进一步加强对村规民约的认识，提高村规民约的地位，发挥村规民约的作用，努力推进乡村自治，全力实现乡村振兴。陈家坝村作为乡村自治的典范，在村规民约的制定、执行、遵守、监督等方面做了大量工作，取得了显著成效，然而，其面临的困难也不容忽视，亟待解决。

第一节　村规民约概述

在具体研究陈家坝村的村规民约之前，本节先从一般意义上对村规民约的历史渊源、内涵以及村规民约与乡村自治的关系等内容进行介绍，从而帮助我们强化对村规民约重要性的理解与认识。

一、村规民约的渊源

村规民约在我国有着悠久的历史。学界普遍认为，村规民约的产生应当追溯到人类以地缘关系为纽带而异姓杂居于村落之时。随着异姓家族同居于一村之中，彼此之间的关系变得十分复杂，以往的协调以血缘关系为基础的家庭内、宗族内关系的家规、族规已经无法发挥作用，亟待一种能够超越家庭、家族规范之上的公共规范来对各家庭、家族之间、各村民之间的关系进行调整，以弥补家庭、家族规范对家庭、家族之外社会关系调整的不足。为此，村规民约适时而生。鉴于传统村落的封闭性，村规民约大多与家规族规联系紧密，甚至在许多地方互为应用，但它作为一种调整村落内村民之间关系的公共行为规范，又与家规族规存在着不同，成为维持社会稳定的重要手段，也构成了我国传统文化的重要内容。

关于历史上最早的村规民约，各专家学者的看法并不统一。一般认为，北宋著名学者吕大钧为了教化乡民，在其家乡蓝田制定的《吕氏乡约》是我国历史上第一部成文村规民约。《吕氏乡约》基于封建宗法思想和儒家伦理纲常，用通俗的语言规定了乡民们的行为规范及礼仪俗规，内容丰富、全面，不仅对协调蓝田生活秩序起到了很好的效果，而且对于后世也产生了积极影响。由于古代“村”“乡”概念混同使用，所以，无论“村约”“村规”，还是“乡约”“乡规”均是指调整村庄里村民社会行为规范的基本准则，与本文所探讨的“村规民约”同属一个概念。

明代中期至清初是村规民约的普及成熟时期。[①] 由于统治者逐渐认识到村规民约对于教化民风、维持乡村秩序的重要作用，他们开始推崇并倡导村规民约。渐渐地，村规民约在乡村普及开来，明代中期之后，许多地方官员为了推行乡约制度，在学习借鉴《吕氏乡约》的基础上，进行创新和细化，制定出了不少实用、有效的村规民约。如叶春的《乡约篇》、黄佐的《秦泉乡约》、吕坤的《乡甲约》、王守仁的《南赣乡约》，等等。明末清初之时，民间兴起讲乡约运动。当时的村规民约是乡村社会自己制定的以教化劝善为主要内容的公共行为规范，后来在朝廷的认可下，历代皇帝开始颁布规范子民行为的“圣谕”。村规民约便以“圣谕”为核心，辅之以家规或族规成为人们共同遵守的行为规范，成为讲乡约的蓝本，对于稳定社会秩序发挥了积极作用。例如，朱元璋推出的“圣谕六言”有效促进了社会和谐，影响十分巨大。这一时期的村规民约大多由皇帝撰写或认可，具有较强的政治色彩。

清代中叶至民国时期，是村规民约的鼎盛辉煌时期。乾隆年间，村规民约十分普遍，涉及的内容更加广泛具体；道光年间，洛阳一带的村规民约加

---

① 刘宏艳. 和谐社会视野下的村规民约建设研究［D］. 长沙：中南大学，2007：13-20.

强了对地方农商经济的规范，条款内容涉及农业生产、货物买卖等方面。清末民初之时，“地方自治”与“乡村建设”运动兴起。以康有为、梁启超为代表的维新派发动戊戌维新运动，寄希望于地方自治，至此，乡村自治的实践迅速发展，从而推动了村规民约的发展。再加上卢作孚、李宗仁、白崇禧、阎锡山等人的重视与推进，村规民约的建设成效显著。其中，山西军阀阎锡山践行“地方自治”最为突出，他大力倡导并推行“村政建设”，采取了包括制定“村禁约”在内的一系列整顿措施，使得山西各地普遍制定了大量名为“村禁约”“村范”的村规民约。民国时期，因社会动荡不安，村规民约的建设发展不平衡、不持续，且受西方民主制度的影响，大多具有近代民主自治色彩。

新中国成立之后，村规民约在几乎绝迹之后又开始复苏。计划经济时期，国家对社会实行全面的控制，国家权力渗透到乡村，社会自治的空间被完全压制，国家权力之外的村规民约几乎消失。改革开放之后，农村推行家庭联产承包责任制，国家的权力逐步从农村收缩，农村基层出现了“真空”状态，为了解决乡村在新的时期面临的社会治安、矛盾纠纷处理、公共事务等事项，在广西宜山、罗城等地的带动下，各地纷纷开始制定村规民约，使得几乎消失殆尽的村规民约又复苏了。然而，这时的村规民约与传统的村规民约没有太大的区别，甚至在内容与处罚方式上，存在着与国家法律法规相抵触的地方。这一情况很快引起了国家的注意与重视，在 1986 年发布的《中共中央、国务院关于加强农村基层政权建设工作的通知》中指出要完善村规民约，次年又在第六届全国人大常委会第 23 次会议上审议通过了《中华人民共和国村民委员会组织法（试行）》，该法正式确立了村规民约在乡村自治中的法律地位，对村民自治及村规民约的相关内容进行了规定与说明，使得村规民约向着规范化的道路发展。20 世纪 90 年代，以山东省章丘市西镇埠西村为源头，在民政部的推动下，各地开始制定《村民自治章程》。1998 年修订的《中华人民共和国村民委员会组织法》也明确规定各村可以制定和修改村民自治章程、村规民约。至此，村规民约更为全面、系统，更具权威性，也标志着村民自治进入了更加成熟的、新的发展阶段。

二、村规民约的内涵

村规民约又叫“乡规民约”，有着十分长久的历史渊源，其具体内容与形式也处于变化之中，并在全国各地实践中不断得到发展与推广。村规民约作为村民自我教育与管理的一种手段与途径，对于维持村民的生产生活秩序、维护社会的团结与稳定发挥了不可小觑的作用。然而，时至今日，对于村规民约的概念并没有一个统一的规定。许多专家学者通过自己的理解，从不同的角度出发，对村规民约下了定义。如刘彤认为村规民约是指村民根据有关法律、法规和政策，结合本村实际而制定的涉及村风民俗、社会公德、公共秩序、治安管理等方面的综合性规定，是村民进行自我管理、自我教育、自我约束的行为规范。① 如王杰、吕盼认为狭义的村规民约指在国家政权的帮助下，由乡民“自觉地”制定的相互交往行为规则。它是官方借助民间力量管理乡村社会的方式，是一种由政府所主导的、村民配合参与的“草根”政治形式。② 如牟少华认为，村规民约是村民群众在村民自治的起始阶段，依据党的方针、政策和国家法律、法规，结合本村实际，为维护本村的社会秩序、社会公共道德、村风民俗、精神文明建设等方面制定的约束规范村民行为的一种规章制度。③ 又如谢秋红认为村规民约是村民以道德传统为基础，以现行法律、政策为依据，结合当地实际，移风易俗，共同制定并遵守的行为规范。④ 如汪俊英认为村规民约，是村民委员会为了在广大农村村民中推行村民自治活动，实现自我管理、自我教育、自我服务，由村民会议根据《村民委员会组织法》和有关法律、法规、政策，结合本地实际制定的关于本村村务管理的综合性规定。⑤ 如高鑫认为，村规民约是以行政村或自然村为单位，在基层政权组织的指导下，村民根据本村的物质生活条件和共同的生产生活需求而制定的保障村民权利、设定村民义务的行为规则，是村民自治的一种具体、有效的实现形式。⑥ 余维良认为，村规民约是村民群众在村民自治的起始阶段，依据党的方针政策和国家法律法规，结合

---

① 刘彤. 河南村规民约运行中存在的问题及其对策［J］. 河南省政法管理干部学院学报，1999（4）：75-77，86.

② 王杰，吕盼. 新时期我国村规民约的完善［J］. 山西农业大学学报（社会科学版），2014（3）：298-301，320.

③ 牟少华. 重视村规民约在农村法治建设中的作用［J］. 中国律师，2013（4）：93-94.

④ 谢秋红. 乡村治理视阈下村规民约的完善路径［J］. 探索，2014（5）：149-152.

⑤ 汪俊英. 村规民约建设中存在的问题及对策分析［J］. 理论与改革，2000（5）：45-47.

⑥ 高鑫. 论村规民约的社会控制力［J］. 湖南公安高等专科学校学报，2000（3）：22-23.

本村实际，为维护本村的社会秩序、社会公共道德、村风民俗、精神文明建设等方面制定的约束规范村民行为的一种规章制度。① 龙华鹰认为，村规民约，又叫乡规民约、义约或款约，是由村民会议制定的村民进行自我管理、自我教育的行为规范。② 李柔萱等认为，村规民约是依照法律法规，适应村民自治要求，由同一村的村民在生产生活中，根据习俗共同约定的一种规范，是大家共同利益的集中体现，是国家法律法规在基层的具体体现，同时也是村民之间的契约。③

由以上描述可见，对于村规民约的定义各不相同，然而都强调以下一些基本特征。

（1）自治性。村规民约是各村庄基于自治的原则，在村民意见达成一致的基础之上，制定的能够对村庄的秩序起到较好协调作用的公共行为规范，体现了村民自我教育、自我管理、自我服务的自治特征。

（2）合议性。村规民约的“合议性”使得村规民约具有约束力与权威性。在自治精神的引导下，村民为了管理与服务自我，基于全体村民的一致意见，制定了村规民约。如此“合议”的规范，自然应当受到全体村民的认可，并不折不扣地执行。一旦有人违反相关规定，则应当受到谴责，或者直接按照相关条款的规定，接受一定的惩罚，以体现出“合议”性规范的权威性。

（3）乡土性。村规民约是中国农村社会所特有的，以村庄为存在单位的社会行为规范，无论是传统农村社会还是现代农村社会，都有其存在的价值与空间。传统村规民约是基于传统的乡村生活制定的，以土地依附为基础。现代村庄虽然实施了家庭联产承包责任制，在乡土特色方面有了一定的弱化，然而，多数村民与土地的依附关系仍然存在，且村庄的生活模式决定了村民相同的利益诉求，从而表现于共同制定与遵守的村规民约之中，体现出乡土特色。

（4）地域性。村规民约的制定是在充分考虑本村庄的风土人情、社会结构、生产生活条件、习俗习惯等基础上，为了协调本村庄的社会关系、维

① 余维良. 自治章程和村规民约的内容与效力［J］. 乡镇论坛，2000（10）：11-12.

② 龙华鹰. 完善村规民约构建和谐社会：对黔东南部分地区村规民约的思考［J］. 黔东南民族师范高等专科学校学报，2005（10）：16-17.

③ 李柔萱，李云虹. 论乡村旅游发展过程中村规民约的有效作用［J］. 云南农业大学学报，2007（2）：5-9.

护本村庄的和谐与稳定，由本村庄的村民协商之后制定的行为规范。因此，村规民约的内容是符合当地特色的，其作用范围也只在村庄范围之内，只针对本村庄的人员实施，对外并无约束性，表现出强烈的地域性特征。

（5）强制性。村规民约的制定是在村民协商一致的基础上，为了维护村庄的集体利益而制定的。然而，在执行的过程中，可能会出现个人利益与集体利益之间的冲突，或者出现个人不遵守相关规定的情况，为了维护整体利益，也为了确保村规民约的顺利有效执行，村规民约就必须具有一定的强制性。当然，此强制性必须合法，在传统社会中，更多表现为符合传统文化及区域民众认同；在现代社会中，更多表现为符合国家制定的法律法规，不能损害村民个人的正当权益。

本文并不对村规民约的概念进行明确界定，而是侧重于研究现代社会中，在重视社会治理的大背景下，为了规范村民的行为，协调村庄的社会关系，维护村庄的和谐与稳定，各农村社区依据法律法规的规定，在村民意见达成一致的基础之上，制定的或综合、或具体，内容、形式与名称不限的自治性社会行为规范。一般说来，此类型行为规范的内容主要包括两个方面：一个方面是应该怎么做、不应该怎么做。即通过具体的条款，对与村民日常生产生活联系十分紧密的各项事情，做出明确的“是”“非”界定，规定村民应该怎样做，不能怎么做，从而使得村民的行为符合国家的法律法规或者地方利益的需要。另一个方面是如果违反，应当受到何种处罚。虽然村规民约以教育、教化为主，然而村规民约只有具有一定的惩戒性，才能使之不仅仅“挂在墙上”，而是“深入人心”。因此，一般的村规民约当中都规定有违反相关条例之后的惩罚措施，例如批评、写书面检查、取消优秀评定等。当然，村规民约的惩罚性措施应当得当，如果违法或者明显不合理，便不具备效力。正如某些村庄的村规民约遗留的“牛羊吃青、打死不赔”等封建糟粕，显然不符合现代社会的法治要求。

三、村规民约与乡村自治的关系

由上述可知，在传统社会，为了协调异姓杂居的村庄里的各种复杂社会关系，村规民约诞生了，且在漫长的封建社会中，有效地协调了相关利益关系，维护了村庄秩序与稳定。新中国成立之初，在国家权力的强力渗透之下，社会自治的空间极度压缩，村规民约几乎消失。改革开放之后，国家权力的收缩使得乡村的自治空间得以扩大，于是，村规民约又开始复苏。随后，国家提出要完善村规民约，并用法律的形式，确立了村规民约在乡村自治中的地位。1998 年修订生效的《中华人民共和国村民委员会组织法》第二十七条规定："村民会议可以制定和修改村民自治章程、村规民约，并报乡、民族乡、镇的人民政府备案。"至此，在乡村自治的大背景下，各村庄积极采取村规民约的形式实施自我教育、自我管理、自我约束、自我服务。从以上村规民约发展的脉络梳理，我们不难发现，乡村自治与村规民约都是时代发展的需要，两者始终是联系在一起的，关系十分紧密。

乡村自治是村规民约的前提和基础。①乡村自治决定了村规民约的产生。在基层政权与村民组织之间是领导与被领导、服从与被服从的行政隶属关系下，国家的权力高度集中，乡村自治的空间无限压缩，自然不会产生体现全体村民自治意愿的村规民约。只有乡村从国家政权的附属位置中摆脱出来，只有村民有了一定的自治权力与空间，才能够实施自治，并把自己的意志转变为村庄内的行为规范，即制定出村规民约。在没有自治权力与空间的环境下，村规民约也就无从产生。②乡村自治决定了村规民约的原则和内容。村规民约的制定原则、具体内容都不是想当然地随意而为，而要充分体现了乡村自治的思想，在乡村自治大框架之下科学、有效制定。③乡村自治给予村规民约效力。村规民约务必是在乡村实现自治的基础之上，由全体村民共同商议、制定、执行的行为规范，如果没有自治的环境，村规民约就只是一纸空文，而不具备权威与效力。④乡村自治决定了村规民约的发展与进步。乡村自治的方式方法多种多样，且在实践之中不断发展变化，与之相连的村规民约必然会随之变迁，一方面，巩固乡村自治的成果并把乡村自治不断推向前进，另一方面，根据乡村自治的实际需要适时修订村规民约。

村规民约是实现乡村自治的手段和工具。①村规民约是实现乡村自治的必然要求。乡村自治要想实现，仅仅依靠国家制定的法律法规是不行的，毕竟法律法规不能事无巨细、面面俱到，只有依赖于村民因地制宜制定的村规民约，才能更好地起到自我治理的作用。从实践当中我们可以看到，无论在传统社会还是现代社会，村规民约在有些时候甚至能够达到国家法律无法企及的规范与约束效果。②村规民约是实现乡村自治的重要手段。乡村自治的实现必须要借助于一定的手段与措施，而村规民约正好提供了这样一种措施。通过村规民约对村风民俗、公共道德、社会秩序、矛盾纠纷、治安管理等方面的细致规定，使得乡村自治不只是"口头上"的，而是体现在日常生产生活当中，使之"看得见、摸得着"，使乡村自治有一个可循的章法，否则，乡村自治就如同"无源之水、无本之木"。与此同时，乡村的自治并不是脱离法律法规的肆无忌惮的“滥治”“妄治”，而必须按照村规民约的具体规定与约束条件，实现对“官”及对“民”的同等治理。《宪法》《村民委员会组织法》及其他法律法规对村规民约制定与实施的相关规定与要求，就充分体现了村规民约对乡村自治的制约。例如《村民委员会组织法》第一条就明确指出：“为了保障农村村民实行自治，由村民依法办理自己的事情，发展农村基层民主，维护村民的合法权益，促进社会主义新农村建设，根据宪法，制定本法。”③村规民约是实现乡村自治的规范表达。村规民约是在法律法规的指导下，采用科学、精练的语言，通过合理、规范的框架结构而表现出来的行为规范。作为一种全面、具体、可操作的约束性规范，村规民约成为乡村自治的规范性表达。

总而言之，乡村自治与村规民约互相依存、互相制约、互为前提、密不可分。

第二节　村规民约在乡村自治中的作用

村规民约是在村民意见协商一致的基础上产生的内生型社会规范，它不同于国家制定的法律、法规，具有地域性与乡土性特点，在其相对独立的空间进行运用。同时，村规民约又不能完全脱离国家的法律、法规而独立存在，它必须要在国家法律、法规的框架下进行制定和执行，其内容和程序等方面均要合法，其维护社会秩序的最终目标是与国家法律法规相一致的。因此，村规民约在乡村社会治理中既有消极作用，也有积极作用。我们应当充分发挥其积极作用，限制其消极作用。

党的十九大报告提出实施“乡村振兴战略”，该战略是党中央充分解决“三农”问题、实现“中国梦”和中华民族伟大复兴的正确决策。报告指出乡村振兴的总要求是“产业兴旺、生态宜居、乡风文明、治理有效、生活富裕”。同时，中央《关于实施乡村振兴战略的意见》强调，乡村振兴要在深刻领会总要求的基础之上实现全面振兴，“统筹推进农村经济建设、政治建设、文化建设、社会建设、生态文明建设和党的建设，加快推进乡村治理体系和治理能力现代化，加快推进农业农村现代化，走中国特色社会主义乡村振兴道路”①。这就为重塑村规民约的村治功能提供了广阔的舞台。

在传统乡村社会中，村规民约在维护社会秩序中发挥着不可替代的作用。在现代乡村社会中，村规民约的作用仍然不可低估。我们应当充分发挥村规民约的积极作用，强化乡村自治，加速推进乡村振兴战略，决胜全面建成小康社会。总体而言，村规民约在乡村自治中的作用主要表现在政治、经济、文化、生态、社会等方面，通过全面调整乡村社会关系，维持社会秩序，不断改善村民生产生活环境，促进村民生活幸福。

一、调解社会矛盾

村规民约在调解社会矛盾方面有着重要作用。毛泽东早就在《关于正确处理人民内部矛盾的问题》中指出：矛盾是普遍存在的，社会主义社会同样充满着矛盾。矛盾可分为对抗性的敌我矛盾和非对抗性的人民内部矛盾。毛泽东还进一步分析指出社会主义社会的基本矛盾是非对抗性的矛盾。社会主义社会步入新时代，社会主要矛盾虽然已经转化为人民日益增长的美好生活需要和不平衡不充分的发展之间的矛盾，然而其广泛存在性仍然不可否认。村规民约作为一种自治性的规范，是调解社会矛盾的主要措施和重要手段。虽然其不具有国家强制力，主要依靠风俗习惯、舆论压力来协调社会关系，调解社会矛盾，且在适用方面也具有地域性和乡土性特征。然而，正因为如此，在较为封闭的乡村“熟人社会”里，村规民约通常能够起到国家法律、法规所不能起到的作用，协调国家法律、法规无法协调的社会关系，调解国家法律、法规无法调解的社会矛盾。在一般情况下，村规民约在调解社会矛盾方面甚至比国家法律、法规更为有效。

稳定压倒一切。没有稳定的社会环境，什么事情也完不成。在新时代，社会转型加速推进，乡村社会的封闭性、同质性、低流动性被打破，乡村社会矛盾的数量不断增加，例如土地征用、旧房改造、房屋拆迁等新矛盾层出不穷，且呈现多元化、复杂化的特点，调解的难度日益增大。在这种情况下，村规民约为解决乡村社会矛盾提供了协调机制，不仅可防止矛盾纠纷激化，还可以及时有效化解矛盾纠纷。一方面，村庄内部的纠纷超出了家庭调节的范围，又是国家法律、法规所无法全面涵盖的内容。只有村规民约这种

① 中共中央国务院关于实施乡村振兴战略的意见［EB \ OL］. 新华网.［2018-02-04］. http：//politics. people. com. cn/n1/2018/0204/c1001-29804797. html.

"群规"，可针对具体纠纷进行规定、协调。另一方面，在现代村庄这一"半熟人社会"里，"关系"与"脸面"甚至比法律、法规更有约束力和强制性，当村民不愿意为了一些小的内部矛盾而对簿公堂的时候，由村庄按照村规民约的相关规定，采取教育、协商、调解的办法进行晓之以理，动之以情，反而可以防止矛盾激化，有利于矛盾的解决，维护社会的稳定。

二、促进经济发展

发展是第一要务，经济建设是中心。村规民约通过对村庄各方面的生产经营行为进行规范，从而促进乡村经济协调、可持续发展。一般说来，村规民约在促进经济发展方面的功能主要体现在以下几个方面。

(1) 村规民约对各产业间的关系进行协调。村庄里各产业间的和谐发展是乡村社会全面和谐发展的前提和保障。例如，村庄内各产业间在生产规模上比例关系的协调、村庄内各产业间关联程度的提高等。这些关系的调整必须通过村规民约的制定来进行保障。尤其是在乡村振兴的大背景下，越来越多的乡村开始走乡村旅游、生态旅游的发展之路，无论是乡村旅游还是生态旅游，其产业关联度都很大，联动发展的要求比较高，经营模式和利益分配模式各不相同，关系的协调难度较大，必须通过村民协商一致的村规民约来大力保障和有效协调各方关系。只有这样，才能促进各产业之间和谐发展，促进经济健康可持续发展。

(2) 村规民约为集体资源的有效保护、开发和利用提供保障。资源是有限的，而人的欲望是无限的，要想资源很好地服务于人类，就必须有效保护、开发和利用资源。乡村经济社会的发展离不开对集体资源的有效利用。一方面，村规民约大多涵盖了保护水、土、路等集体资源的内容，使得这些集体资源能够得到有效、充分的保护与利用，从而为经济的发展提供必备条件；另一方面，集体资源的分配一直是个大难题。既要确保资源分配的公平、公正，又要最大限度地保护资源，这在实践中很难做到。村规民约可以针对集体资源的分配制定具体的措施和方案，在充分盘活、利用、整合集体资源的基础之上，切实保障农村集体和村民的合法权益。

(3) 村规民约对经济发展的秩序进行有效维护。经济的发展依赖于良好经济秩序的建立。村规民约通过规定有针对性的措施，协调村民之间、村民与集体之间、村民与政府之间的关系，维护了村内和谐，培育了良好经济发展秩序，服务于经济发展，促进经济有序增长。

三、维护社会治安

稳定才能发展。乡村稳定，整个国家才能稳定；乡村发展，整个国家才能发展。乡村社会治安稳定与否直接关系到村民人身、财产安全，关系到村民日常生产与生活质量，关系到整个国家的稳定与发展。伴随着乡村经济社会调整，城镇化进程不断推进，乡村社会治安问题日趋严峻，主要表现为：乡村法律体系不健全、村民法治意识淡漠、“黄赌毒”和封建迷信活动屡禁不止、山林土地等矛盾纠纷比较突出、打架斗殴与小偷小摸等社会治安事件时有发生、婚姻家庭矛盾纠纷逐步增多、群体性上访事件日益增加等。一直以来，村规民约都在治安维护方面发挥着重要作用。只不过，在传统乡村社会中，治安维护是“消极求安”式，注重对基层社会的严格控制；在现代乡村社会中，治安维护是“积极主动”式，注重内外兼顾地进行治安管理。[①] 一般而言，村规民约维护社会治安功能主要从以下几个方面实现。

（1）村规民约中规定了社会治安的具体内容。当前的村规民约中几乎都会用较大的篇幅来对社会治安相关内容进行规范，许多村规民约还将社会治安置于第一的重要位置。这些内容十分全面细致，涉及乡村社会治安的方方面面。首先，部分条款规定“学法、知法、守法、用法”及“团结友爱、和睦相处”等教育、教化内容，通过这些倡导性条款，引导村民自觉遵守相关治安管理规定，并互相监督执行。其次，其他大多数规定都是禁止性规定，通过使用“不得”“不准”“禁止”“严禁”等语言形式，对打架斗殴、乱砍滥伐、偷盗敲诈等严重危害社会治安的违法犯罪行为进行强制性约束。通过这些明明白白的规定，村民们心有所向、行有所依，社会治安环境不断净化。

（2）村规民约中规定了违反社会治安的惩罚性措施。社会治安作为维护乡村社会稳定的重要内容，往往受到高度重视，一旦违背，必须采取相应的处理方式。村规民约不是国家制定的法律法规，主要靠习惯、习俗和社会舆论的压力促进执行，但是，村规民约的惩罚性措施却不必不可少，这一点在违背社会治安的处理方式方面表现得较为突出。因为只有制定惩罚性措施，才能增强村规民约的效力，才能使其在维护社会治安方面真正发挥出作

① 陈寒非，高其才．乡规民约在乡村治理中的积极作用实证研究［J］．清华法学，2018（1）：62-88.

用。通过惩罚性条款对违反社会治安的行为进行处罚、惩戒，不仅可以教育当事人，而且可以威慑潜在不法分子，预防新的社会治安事件的发生，确保社会治安和谐有序，人民生活安居乐业。

四、优化人居环境

优化乡村人居环境是全面建成小康社会的迫切需要，而要保证乡村环境卫生干净整洁、村容村貌美化亮化，人与人、人与自然、人与社会和谐共处，就离不开完善且具操作性的村规民约。在实践操作中，村规民约往往在环境卫生建设、生态环境保护方面发挥着积极作用。

首先，在环境卫生建设方面，村规民约已然成为“村容村貌”的护身符。干净的地面、清澈的河流、清新的空气、整洁的村间小道越来越受到人们的青睐。大多数地方的村规民约都包含有环境卫生的条款，如：禁止乱扔垃圾、不乱倒乱堆、不乱搭乱建、保持房前屋后整洁卫生、加强庭院美化绿化等。还有的村规民约规定收取卫生费，要求定期开展环境卫生评比。随着乡村环境卫生治理的进一步推进，部分农村地区提倡并着力实施垃圾分类，进行污水处理。这些规定成为村民的日常行为规范，促进村民增强环境卫生意识，逐步养成良好的生活习惯，形成良好的村风民风。同时，针对有些违规行为，部分地方的村规民约还制定有相应的惩罚措施，如：罚款、取消评优评先的资格、罚做公益等，进一步体现出环境卫生工作的重要性，增强其权威性和可执行力。

其次，在生态环境保护方面，村规民约已然成为“青山绿水”的保护神。人与自然的关系问题是生态环境的根本问题。人与自然的关系将直接影响人与人、人与社会的关系。如果生态环境遭到破坏，人与自然的关系不和谐，则人与人、人与社会的和谐关系将很难实现。况且，乡村“生态旅游”是未来乡村旅游的大趋势，为了产生可持续的生态旅游综合效益，也必须把生态环境保护放在首要位置。由此，许多村规民约都规定了生态环境保护的内容，通过村规民约，对破坏、掠夺自然资源、破坏生态循环系统等内容进行规定，倡导“爱护环境、保护生态”，使经济、人口、资源、环境协调发展，从而不断优化人居环境，实现乡村振兴。

五、管理公共事务

乡村公共事务是指关系全体村民基本生活质量和共同利益的社会公共事务，涵盖的范围十分广泛，既包括公共服务、公共资源，还包括公共设施。乡村公共事务管理是我国公共管理的重要内容，主要是指乡村基层政府及村民委员会等乡村基层公共组织对乡村公共事务的管理。乡村公共事务管理的水平与成效直接关系到村民的生活质量，体现出社会的公平。

当前，乡村公共事务管理方面取得了明显成效，然而，也存在一些不容忽视的问题。例如，政府对乡村公共事务干预过多、惠民政策在部分乡村走了样、村民自身素质不高影响其参加公共事务管理的水平与能力的发挥等。究其原因，一方面是由于部分乡村基层干部没有认真执行党和国家的相关政策；另一方面是由于乡村社会的迅速变迁，新情况、新问题层出不穷，对乡村公共事务管理提出了严峻挑战。由此可见，乡村公共事务管理的难度越来越大，如果仅仅依靠党和政府的力量是不够的，必须发动群众，走群众路线，在推动村民积极参与的情况下，实施对乡村公共事务的管理。那么，村规民约作为村民自治的途径和手段，必定会在乡村公共事务管理中发挥着重大作用。

一般而言，各地往往根据自身的实际情况，采取村规民约的形式对乡村道路、计划生育、教育、防火、公共设施等内容进行规范，保障公共产品的有效供给，实施对公共事务的科学管理。在计划生育方面，虽然国家已经全面放开了二胎，但大部分村规民约都对相关内容进行了规定，有的还对违反计划生育政策的村民给予一定的惩罚。在教育方面，许多村规民约要求家长认真履行监护、教育子女的义务，提高家庭成员的文化素质，部分经济条件好的村还对考上不同级别大学的村民子女给予相应级别的经济奖励，以促进学生学习积极性的提高。乡村道路、水塘、渠道、自来水、污水净化设备、文化体育设施等公共基础设施作为乡村生产、生活的重要保障，也是村规民约规范的重要内容，多数村规民约都对道路等重要公共基础设施的建设、使用和维护做出了详细的规定，并制定了惩罚措施。部分村把消防安全写入村规民约，要求村民增强防火意识，自觉遵守森林防火的规定，爱护防火设施，加强用火安全，控制消防安全隐患，严防火灾发生。对于部分传统古村落，其丰富的人文历史遗迹是中华民族宝贵的文化遗产，村规民约对此类资源进行管理、保护，对破坏此类资源的行为要求当事人修复，并进行罚款，从而有效实施了对乡村历史文化遗产的保护和利用。

第三节　陈家坝村村规民约建设现状及困境

当前，我国村规民约建设取得了一定的成效，然而，其中暴露出的一些问题也不容忽视。作为我国广大乡村中的一分子，陈家坝村不可避免地面临着村规民约建设中存在的普遍问题，同时，作为一个独立的个体，陈家坝村在村规民约建设方面有着自己的特点，也面临着特殊的问题。本节放眼于整个乡村社会，同时又聚焦于陈家坝村这个个案，在介绍陈家坝村的村规民约建设现状的基础上，分析其面临的困境，为找到相应的改进措施奠定基础。

一、陈家坝村村规民约的主要内容

陈家坝村的村规民约主要是成文的综合性规章制度，即《陈家坝村村规民约》。该村规民约是陈家坝村在推进自治的过程中，根据《中华人民共和国村民委员会组织法》的规定，结合本村实施“珍爱宝塔河，建设幸福陈家坝”工程的实际情况，由村委会牵头、草拟，并经村民代表大会、党员大会讨论通过而产生。《陈家坝村村规民约》共 15 条，对村庄内的各项重要事务均予以规定，涉及的面较为广泛，内容较为丰富，是陈家坝村自治的基础和保障。

陈家坝村村规民约的内容大致包括以下几个方面：①陈家坝村村规民约的主题，用 5 个词语 20 个字来简洁地概括，即“崇尚美德、诚实守信、遵纪守法、眼广胸宽、责清利明”。②文化教育方面，主要包括精神文明建设、子女教育、村风民俗的建设等，要求村民不搞封建迷信活动，不参与“法轮功”等非法组织及活动，反对邪教和宗派势力，不参与“黄赌毒”，积极参加健康的文化娱乐活动，加强体育锻炼。同时，要求村民积极参加公益建设及各项集体活动，争创“五星级”党员、“十佳”村落、“十星级文明户”。③村风民俗方面，倡导扶贫济困、见义勇为，要求村民遵守社会公德、职业道德和家庭美德，并对邻里关系提出和睦相处、互帮互助的要求，对于邻里之间出现的纠纷，要求村民先申请村落调解，在调解不成功的情况下，再采用书面的形式交村委会进行调解，努力实现小事不出村落，一般问题和矛盾不出村。④经济管理方面，主要包括经济建设、土地承包与使用、房屋买卖等方面，要求全体村民以经济建设为中心，勤劳致富，勤劳脱贫。⑤环境卫生方面，内容较为详细，要求村民自觉遵守环境卫生公约，加强环境卫生整治，包括不乱丢建房杂物，不乱倒乱堆，垃圾袋要装入垃圾桶、入垃圾车等，同时要求村民加强庭院绿化、环境美化，并专门提出不得从事污染性项目。⑥治安管理方面，首先提出学法、知法、守法的总体性要求，其次，从各个具体方面对村民的言行举止进行规范，如文明用语、不寻衅闹事、不打架斗殴、不侵犯他人权利权益，不有意阻碍他人修路建房，不做出尔反尔、影响地方道德和信誉的事等。⑦公共事务管理方面，对水电费收缴、保险费的收缴、计划生育管理、户口管理等事务做出了相应规定。⑧村规民约的效力，主要包括村规民约的适用范围，村落公约的制定依据等。

从以上分析可以看出，陈家坝村村规民约具有一般村规民约的特点，即自治性、合议性、乡土性、地域性、强制性。

附录：

陈家坝村村规民约

为办好本村各项事情，充分调动村民的积极性，发挥大家的主人翁作用，践行社会主义核心价值观，推进我村“珍爱美丽宝塔河，建设幸福陈家坝”进程，根据《中华人民共和国村民委员会组织法》的规定，制定本《村规民约》，并经村民代表、党员大会讨论通过。

本村规民约的主题是：崇尚美德、诚实守信、遵纪守法、眼广胸宽、责清利明。

一、热爱祖国，热爱中国共产党，热爱社会主义制度；热心集体事业，爱护集体公共财物和公益设施；做有理想、有道德、有文化、守纪律的村民。

二、认真学习和执行党在农村各项方针、政策，遵守国家的法律、法规；及时完成各项任务，主动承担应尽的义务，自觉缴纳水、电费；按时缴纳新农合、新农保资金。

三、坚持在村落理事会的组织带领下，积极参加公益创投，争创“五星级”党员、争创“十佳”村落、“十星级”文明户；积极参与集体组织的各项活动；支持和监督各类组织的工作；村落召开的议事会议积极参加，并且发表意见或者建议。

四、坚持以经济建设为中心，勤劳致富，勤劳脱贫，脱贫光荣；坚持以人为本，构建和谐社会。

五、遵守社会公德、职业道德和家庭美德；邻里之间和睦相处，互相帮助；扶贫济困、见义勇为；保护妇女和儿童的合法权益；做养老、敬老的模范。

六、加强精神文明建设，积极参加文化娱乐、健康知识讲座、体育锻炼；反对邪教和宗派势力；不参与法轮功等非法组织及活动；不搞封建迷信活动；不参与黄、赌、毒。

七、学法、知法、守法，语言行为文明礼貌，不恶意伤人；不搬弄是非、不造谣诽谤，不寻衅闹事，不打架斗殴；不乱涂乱贴；不侵犯他人权利、权益；不有意阻碍他人修路、建房等；不做出尔反尔、影响地方道德和信誉的事；尊重建设者和管理者的劳动成果；低保续保或新增扩面时，如实申报财产及收入。

八、自觉遵守环境卫生公约，不乱倒建房、整房乱石余土和垃圾粪便；拆除旧房和装修、改造有残渣、残物外运的，不得乱倒乱堆，影响环境和排洪；垃圾袋装入垃圾桶、入垃圾车；勤俭、文明办理红白喜事，不放或少放鞭炮（因鞭炮引起对他人任何损失的，必须由事主据实赔偿）；房前屋后整洁卫生，庭院绿化、环境美化；不通公路的分散户垃圾自觉填埋处置；不从事污染性项目。

九、加强土地管理，珍惜耕地资源；依法依规建房，符合移址新建房屋者，必须拆除旧房落实占补平衡；旧房已成危房者严禁买卖；不允许私下买卖房屋；凡外户籍人员死亡后，在本村的亲朋好友协商用地安葬的不得占用耕园地，不得影响建设时的使用，提倡洞穴安葬。

十、自觉执行《计划生育条例》，严禁违法生育，严禁非法领养，严禁弃婴溺婴；积极参加生殖健康检查，落实怀孕情报告及措施。

十一、严格户口管理，不随意接受外来人员入户。

十二、认真履行家长对子女的监护、教育和子女完成学业的义务、责任；提高家庭成员的文化素质，主动行使对没有行为能力的人的监护。

十三、自觉维护村落的社会稳定，切实做好安全生产及防范工作；发生和出现纠纷时应先申请村落调解，如不成，书面交村调解，努力实现小事不出村落，一般问题和矛盾不出村；不越级上访，不集体访；积极配合做好各项社会综合治理工作。

十四、本村规民约适用于本村的全体公民，户籍不在本村落而居住在本村落的参照执行。

十五、各村落结合实际组织村民讨论，制定村落公约。

二、陈家坝村村规民约建设的困境

在陈家坝村，自实施村民自治以来，经过多年的建设与发展，村规民约不断完善，在实现村民自我教育、自我管理与自我服务方面发挥了积极作用。然而，通过调研发现，在陈家坝村村规民约的制定及运行过程中，仍然面临着不少困难，制约着村民自治的发展，亟待解决和完善。

（一）村规民约的民主性有待加强

村规民约是实施村民自治的手段和载体，是基层民主的重要体现。因此，村规民约应高度重视对基层民主相关问题的规定，如村委选举、村务公开、村务管理、村民会议、民主评议等。一些地区的村规民约对村级选举十分重视，对于村级组织成员候选人、预备人的基本要求都做了明确规定，一方面要求村民积极参与民主管理，不得做出拉票贿选等破坏民主选举的违法违纪行为；另一方面对于不宜作为候选人和预备人的具体情形进行了规定，从而从源头上保证了组织洁净。另有一些村庄的村规民约对于村委会及村民代表大会的产生办法、村务公开的相应内容进行规定。从调研的情况来看，陈家坝村在村民自治的道路上走得较为成功，基层民主建设的成就也比较显著，然而，在村规民约中却鲜有就保障基层民主的相关内容进行规定，使得民主的体现不够充分。

（二）村规民约的制定主体及程序有待完善

根据《中华人民共和国村民委员会组织法》的规定及相关精神，村规民约的制定主体有两个，一个是村民会议，一个是村民代表会议。前者是在村委会的召集下，召开全体村民会议对村规民约进行制定和修改；后者是针对人数较多或者居住过于分散的村庄，可以采取推选村民代表，由村民代表在村委会的授权下，召开村民代表大会制定和修改村规民约。不论是村民会议制定，还是村民代表会议制定，各村制定的村规民约均应该报乡（镇）政府备案，进行合法监督。总之，以上两种方式都是符合法定程序的。具体采取哪种方式可以根据各村庄的实际情况进行选择。然而，在实践中，村规民约制定主体及程序违法情况比较常见，例如，有的村规民约直接由村委会闭门造车并强行颁布；有的村规民约在宗族、派系等势力较大的少数派的控制下制定；有的村规民约根据乡（镇）的指示或者直接按照乡（镇）公布的统一“范本”而制定；有的村规民约不报乡（镇）政府备案即执行。这些做法，不仅降低了村规民约的民主性，有的甚至涉嫌违法，根本没能发挥出村规民约应有的功效。通过调研了解，而且从《陈家坝村村规民约》的文本中我们也可以看到，陈家坝村村规民约的制定是经村民代表、党员大会讨论通过的。可见，陈家坝村村规民约的制定不是简单地照搬以上两种方式，而是具有一定的特殊性。它是在村民代表讨论通过之前，由党员大会进行认真讨论，从而充分体现了党的领导与村民自治的有机结合，也更加增加了村规民约制定的科学性。然而，笔者认为，由于村民才是自治的主体，陈家坝村在全面推进“自治”的进程中，在时机成熟的时候，可以考虑通过召开全体村民大会的方式进行村规民约的制定与修改。这样，可以充分体现群众的意志，反映全体村民的意见，提升村民对村规民约的认同度。

（三）村规民约的具体内容有待优化

村规民约是民主的体现，具有地域性特点，其具体内容不具有统一性、标准性，而是在遵守国家法律法规的前提下，根据村庄实际情况，制定相应规范，促进村民自治。然而，在实践中，部分村规民约的内容却存在违法、违规或不合情、不合理的情况。具体表现为：①村规民约的内容直接与国家的法律法规相悖。这种情况突出表现为对“出嫁女”权利的剥夺、对婚姻的规定、责任田的分配、村务管理以及对庄稼保护方面所采取的不合法行为。②村规民约的内容包含有封建迷信色彩。部分经济不发达农村地区的村规民约仍然存在着封建迷信方面的内容，这些在继承、祭祀、丧葬等方面表现得较为突出。③村规民约的内容当中权利与义务不对等。一些村规民约只规定村民应该怎样、不该怎样，而对权利方面的内容少提或根本不提，使得村规民约成了“管约”。④村规民约的内容当中“罚”字当头。村规民约应以正面提倡、教育教化为主，而部分村规民约成了“罚款清单”，明显不符合村规民约的设立初衷。⑤村规民约的内容存在“喊口号”的情况。部分村规民约不顾村庄的实际情况，按“范本”照搬，或照抄法律政策规定，喊口号、说大话，不具有可操作性。从陈家坝村村规民约的具体内容来看，其不存在违法违规的情况，也不具有封建迷信色彩，是合理的、合法的。然而，其权利与义务不对等的情况还是存在的，内容当中普遍可见的是“不得”“严禁”“必须”之类的义务性条款，而鲜见权利性条款，部分权利性条款也只是涉及人身权与财产权，基本不涉及民主权利。对于“罚”字当头的情况，陈家坝村村规民约中基本不存在，然而，正因为如此，笔者认为，缺少了威慑力，容易使村规民约流于形式。此外，陈家坝村村规民约中“喊口号”的情况没能避免，如第一条的内容“热爱祖国，热爱中国共产党，热爱社会主义制度；热心集体事业，爱护集体公共财物和公益设施；做有理想、有道德、有文化、守纪律的村民”，虽然没有任何错误，然而，过于原则、笼统，缺乏本地特色，没有针对性，可能会使村规民约的执行性差、吸引力不足。

（四）村规民约有效实施的难度仍然较大

村规民约制定出来后，如何有效实施是关键。然而，在实践中，部分村规民约的实施不尽满意，存在诸多问题，陈家坝村也未能幸免。第一，村民素质普遍不高，制约着村规民约的执行水平。在我国农村，村民受教育的程度普遍不高，许多村民不识字，他们的政治素养低、政治参与意识淡漠。一方面，村民认识有限，没有意识到积极参与村规民约的制定和实施是自己的一项权利，通常不会主动参与到村规民约的制定、实施过程中去，也不会主动遵守相关规定，更不会监督它的施行。另一方面，随着农村精英人才外流，留在乡村的大多是老弱妇幼，他们最关心、最需要解决的是基本生存需要，当然也没有时间、精力与能力来关心村规民约的相关问题。第二，村委会是乡村基层自治组织，不是行政机构，没有行政执法权，部分地区村规民约的实施仅靠村两委的凝聚力和号召力，实施的保障不够。一旦遇到村委会“不给力”的情况，或者村干部的民主与服务意识不够，则很难保证他们会在村规民约的事情上下功夫。再加上现实乡村中，村干部人数通常较少，精力有限，而乡村社会变迁迅速，村民的生活方式与价值观念转变较大，乡村社会越来越复杂，进一步加大了村规民约的执行难度。第三，某些村规民约说大话、喊口号，内容空洞、无力，缺乏可具操作性的惩罚措施，导致施行困难，形同虚设。就陈家坝村的情况来看，虽然陈家坝村村规民约实施的效果比较好，在很大程度上发挥出其自治手段的作用。然而，与其他许多乡村类似，陈家坝村同样面临着青年与精英人才外流，留守村民文化水平不高、能力素质有限的问题。部分村民不知道村规民约的功效和制定程序，不了解村规民约的条款及具体内容，不关心村里的公益事业和民主选举，当然也不会主动遵守村规民约的相关规定。这样，缺乏全体群众积极参与的村规民约，执行的难度显然也是存在的。

第四节　促进陈家坝村村规民约建设的对策建议

通过对调研情况进行分析，笔者认为，陈家坝村的村规民约面临问题的原因既有主观原因，也有客观原因。为了规避村规民约出现的问题，发挥其在乡村自治中的作用，应积极采取相应措施，尽快进行解决。目前，建议从以下几个方面入手。

一、努力培育一支高素质的村干部队伍

村规民约的有效实施离不开一支高素质的村干部队伍。但凡村规民约建设情况良好，村民自治效果显著的村庄，大多有一支能力强、素质硬、讲奉献的村干部队伍。陈家坝村正是在以傅先新书记为“当家人”的强有力干部队伍的带领下，才找到了群众路线的新路子和村民自治的新途径。为了进一步建设好村规民约，进而完善村民自治制度，可以从以下几个方面入手，培育一支高素质的村干部队伍。一是加强后备干部培养与选拔工作力度。大力推动陈家坝村经济社会建设，留住精英人才，把有文化、有能力、愿奉献的村民选拔为村干部。同时，注重发掘与培养年轻人，把诸如鲁雪飞这种有理想、有担当、有闯劲的年轻人选拔为村后备干部，并在时机成熟之时，充实到村两委班子中来，为村干部队伍补充新鲜血液，使村级事业后继有人。二是进一步提高干部队伍的思想认识。思想决定行动。干部队伍的思想认识将直接决定着村规民约的建设情况。一方面，应强化对干部法治意识的培养。“自治、法治、德治”相结合，是十九大报告对乡村社会治理体系的一个基本要求。自治与法治是不可分离的，自治必须在法治的框架下进行。陈家坝村干部队伍应在强化教育学习的基础上，进一步提升对自治、法治、德治的认识，从而为村规民约建设奠定思想基础。另一方面，应进一步提高干部对村规民约的认识。陈家坝村可以通过讨论、学习等形式，深化干部对村规民约的认识，充分利用好这一自治手段，做好乡村治理工作。三是要进一步增强干部队伍的自治能力。乡村自治是一项全新的事业，需要摸着石头过河。村规民约作为乡村自治的手段，其建设程度的好坏在很大程度上依赖于干部队伍的自治能力。陈家坝村应当进一步培养村干部骨干队伍，通过交流

学习、在职培训等形式，努力提升干部自治能力，确保村规民约规范有效运行，切实发挥出其在乡村自治中的作用。

二、制定村规民约要切实贯彻群众路线

村规民约是村民制定认可的“合约”，是自治的手段，也是创新乡村社会治理的载体。村规民约只有由村民自己制定、修改，真实反映村民自身的意愿，由村民自觉监督实施，才具有生命力和活力，才能够真正地在乡村自治中发挥作用。换言之，村规民约的制定要切实贯彻群众路线。一是严格遵守法律法规对于村规民约制定主体的规定。村民会议或经村民会议授权的村民代表会议才是制定与修改村规民约的合法主体。对于没有经过村民会议（村民代表会议）制定或修改的村规民约，不是全体村民真实意愿的表达，是不合法的，对此，乡镇人民政府应给予纠正。陈家坝村的村规民约是合法的主体采取合法的程序制定的，是合法的，然而，随着社会的发展，村规民约的修订也不可避免。需要注意的是，村规民约的修订也必须程序合法、主体合法、内容合法，这是制定村规民约的基本遵循。二是做好村规民约的宣传及动员工作。陈家坝村应通过召开宣传动员会、培训指导会、在村各醒目位置张贴悬挂宣传资料等形式，进一步加大对村规民约的宣传力度。一方面，要宣传村规民约的性质、作用及意义，使村民对村规民约有正确、深刻的认识；另一方面，要讲明村民在村规民约制定与修改中的权利与义务，动员村民积极、主动地参与到村规民约的制定、修改及实施过程中去。村规民约制定出来之后，应该人手一册，要求村民在自觉主动遵守相关规定的同时，做好村规民约实施的“监督人”。

三、增加村规民约内容的针对性适用性

除了保证村规民约的合法性之外，还必须确保村规民约内容的针对性和适用性。只有“接地气”的村规民约，才能真正地为群众所接受，才能在乡村社会治理中发挥出作用。对于陈家坝村而言，第一，村规民约的内容应与村民的日常生活紧密相连。剔除“喊口号”“说大话”的内容，结合本地的风俗人情、经济条件、村民素质及自然生态条件等，加入村民能理解、可操作的具体要求，明确规定村民应该干什么，不应该干什么，使得村民的言行举止都能够找到可参照的准则，体现出教育教化为主的原则，使村规民约

真正成为村民的行为指南。第二，将村规民约与自治章程同时制定。陈家坝村只有村规民约，目前并没有自治章程，而自治章程是比村规民约更为全面、具体、系统的规范，号称村里“小宪法”。建议陈家坝村在时机成熟之时，在村规民约的基础之上，制定出村民自治章程，从而更有效地实施村民自治。第三，增加惩罚性措施。村规民约“罚”字当头固然是不正确的，然而，陈家坝村村规民约中完全没有惩罚性内容，也使其刚性不足，执行效果打折。建议通过地方立法的形式，赋予村委会一定的经济处罚权。对于不搞好清洁卫生、不主动做公益、搬弄是非、造谣诽谤以及打架斗殴等不文明行为，都在村规民约中规定相应的处罚措施。当然，惩罚应当适当，不能一刀切，也不能不顾实际情况乱“罚”一通，否则，会落入惩罚太离谱而无法实施的另一个困境。

四、优化实施村规民约的良好外部环境

村规民约作用的有效发挥，除了与村规民约自身内容密切相关之外，还与其外部环境息息相关。在村规民约的制定及实施过程当中，应当努力避免不良外部因素的影响，为村规民约的建设提供宽松的外部环境。首先，国家应加强农业农村的立法。农业农村立法对于发展乡村基层民主，实现村民自治具有十分重要的意义。国家虽然对“三农”问题历来重视，也在立法方面做了许多工作。然而，仍然存在有遗漏、不成熟、不合时宜的地方，使得农民的利益不能得到全面、有效保障。为了推进村民自治的发展，建议国家对《村民委员会组织法》等相关法律法规进行修订，加强对村民自治、乡村民主管理方面法律法规的制定，并注意相关法律法规的配套和衔接，以适应乡村自治的需要。其次，基层政府应做好村规民约的指导工作。村民虽然是村规民约的制定与执行主体，然而，基层政府的指导与帮助，却是村规民约能够有效规范实施的有力保障。基层政府应当进一步强化对村规民约的认识，派专人负责此方面的工作，建立行之有效的审查备案机制，加强审查备案力度。在村规民约的制定时期，基层政府应协助做好村规民约的启动和动员工作，通过宣传、建“示范村”等形式，以点带面地推动村规民约的建设。然而，在此过程中，要注意统一性与灵活性的结合，该统一的要一致，不得五花八门；不该统一的要体现特色，不得千篇一律。在村规民约的实施时期，基层政府应做好村规民约的引导和规范工作，及时发现村规民约实施中的问题与错误，对于违法或违规行为，及时制止、纠正。再次，加强村规

民约的研究。研究者应与实际工作人员组成联合研究队伍，深入开展村规民约与村民自治的理论与实践研究，为村规民约的建设提供指导。

小　结

本章旨在探讨村规民约作为乡村自治的手段和工具，对乡村自治的作用、在陈家坝村的建设状况、面临着哪些问题及如何进行解决。本章共分四节。第一节从一般意义上对村规民约进行阐述，介绍了村规民约的渊源、内涵以及村规民约与乡村自治的关系。第二节分析了村规民约在乡村自治中的作用，包括调解社会矛盾、促进经济发展、维护社会治安、优化人居环境四个方面。第三节剖析了陈家坝村村规民约建设现状及困境，在具体介绍陈家坝村村规民约的基础上，找出陈家坝村村规民约建设中遇到的困难，即村规民约的民主性有待加强、村规民约的制定主体及程序有特完善、村规民约具体内容有待进一步完善、村规民约有效实施的难度仍然较大。第四节提出了促进陈家坝村村规民约建设的对策建议，即培育一支高素质的村干部队伍、制定村规民约要切实贯彻群众路线、增加村规民约内容的针对性适用性、优化实施村规民约的良好外部环境。

第五章　农民自组织为村民搭建治理平台

农民是乡村治理的主体，但分散的农民力量有限，如果不组织起来，主体作用很难发挥。从实践和现实来看，农民自组织可以有效地将农民组织起来，为村民以主人的身份参与治理搭建平台。

第一节　农民自组织的概述

一、农民自组织的相关概念

组织，是指为了达到某个目标或者履行某种职能而基于一定原则并在分工合作基础上聚合在一起的群体。按照组织方式来划分，组织可以分为自组织和他组织，自组织就是组织成员为了共同目的而自愿组织起来；他组织是组织成员之外的其他人，为了实现特定目的而将具有相同特征的人集合在一起。自组织的成员参加组织是出于个人意愿，而他组织的成员参与组织，有可能是愿意的，也有可能是勉强或被迫的。

自组织理论，产生于 20 世纪 60 年代末期，由普里高津（Prigogine）的耗散结构论、哈肯（H. Haken）的协同学理论、艾根的超循环理论等多种分支理论构成。学界公认最早提出“自组织”这个概念的是比利时物理学家普里高津，他在耗散结构论中用“自组织”来描述那些自发形成有序结构的过程。后来，德国物理学家哈肯在协同学理论中提出一个观点，认为“如果系统没有外界干预，按照相互默契的某种规则，各尽其责而又协调地自动地形成有序结构，该体系就是自组织”，“如果一个系统靠外部指令而形成组织，就是他组织”，“一个系统的自组织功能愈强，其保持和产生新功能的能力愈强”。①

农民自组织，是农民受共同利益的驱动而自发形成的社团，具有自愿性、自发性、自主性、独立性、内生性等特点，与靠外部力量推动或因外生因素而生成的他组织截然不同，是充分体现农民主体地位的自我管理、自我服务的互助合作组织，目的是维护合法权益。

组织化，即个人按照特定程序、原则、形式、分工集合成组织并从独立的“自由人”变为相互联系的“组织人”的动态过程。农民组织化，就是为了维护农民的政治、经济、文化和社会权益而将分散的农民集合起来，在团结协作中，促使农民更多地参与社会活动进而提高其社会政治地位的复杂系统工程。

二、农民自组织的分类

按照性质和功能的不同，农民自组织可以分为政治性自组织、经济性自组织和社会性自组织三大类。政治性自组织的功能是人们通过加入政治性组织和参与政治性活动来表达政治诉求和实现政治利益，目的是办理本村的公共事务和公益事业、化解民间矛盾纠纷、维护社会秩序以及向乡镇政府反映村民诉求和建议，比如村民委员会、村民议事会、村民治安调解委员会、村民维权协会等。经济性自组织，是营利性的合作组织，目的是以组织化的方式为小农参与市场经济奠定基础与提供保障，通过集体性的经济活动来增加自身经济收益，比如各类农民专业合作社、农民专业协会。社会性自治组织，是围绕农民生活而组建的互助性、公益性、兴趣性、服务性组织，包括村民们自发组织起来的老年协会、文艺表演队、留守人口帮扶队、残疾人互助协会、扶贫协会、红白喜事理事会、合作医疗组织等，主要目的是丰富村民精神文化生活、解决实际生活困难、提供便民服务，等等。②

① 李营营．自组织理论视角下农民专业合作社发展问题研究［J］．临沧师范高等专科学校学报，2014（1）：103-108．

② 袁素平．农民组织化的动力机制探析［J］．安阳师范学院学报，2017（1）：26-29．

三、农民自组织对乡村治理的作用

乡村事务纷繁复杂，要把乡村真正治理好，除完善村民自治制度之外，还需要以公共事务治理为目标的农民自组织助一臂之力，因为村民自组织将分散的农户或农民个体整合在一个组织里，为他们参与乡村治理提供了平台。总起来说，农民自组织对乡村治理有如下作用。

（一）农民自组织有助于维护农民权益

农民权益是个综合性概念，包括政治、经济、文化、社会等各方面的权益，维护好农民权益是乡村善治的前提。就政治权益来说，独立的农民个体势单力薄，在政治参与、民主管理、上访等方面的权益容易被忽视，组织化能够提高农民的民主意识和争取自身合法权益的能力。就经济权益来说，农村家庭联产承包经营情况下，分散化的农民遇到国家政策变化、不正当竞争和市场波动时，因无力抗衡其他利益集团和无法保护自身利益而遭受损失，之所以利益屡遭侵犯，就是因为作为最大的弱势群体，农民组织化程度低，缺乏表达和维护自己利益的代言人。农村税费改革之后，农业税取消了，本来就有限的乡镇财政愈发捉襟见肘，农村公共物品的供给资金更加短缺，面对国家给乡村的转移支付资金，乡镇政府有可能挤占和截留，处于弱势的村民委员会为了获得尽可能多的公共物品建设资金，不能指望原子化的农民，而希望借助农民自组织增强与乡镇谈判的资本，为乡村争取更多利益。同时，在参与市场竞争的过程中，一家一户的小规模经营模式，生产效率和经济效益低、抗风险能力弱，只有将农民组织起来后，让小生产变成大生产，实现规模经营和抱团经营，才能促使生产要素的优化配置，才能增强抵御自然、市场、政策多重风险的能力，才能集中表达农民的利益诉求，才能对接上国家在乡村振兴战略中的资金投入和项目倾斜，进而促进农业发展和增加农民收入。

（二）农民自组织有助于乡村社会稳定

农村是个人情社会和熟人社会，如果干群之间、村民之间的冲突全都诉诸法律的话，成本太大，所以很多问题的解决往往依靠农民自组织。因为治安调解协会、维权协会、和事佬协会等农民自组织的领导者几乎都是本村见多识广或德高望重的精英，他们了解村民，熟悉约定俗成的道德和礼俗，出面处理纠纷时能够灵活采用村民容易接受的方式。这样的话，农民有自己的组织，就有了诉求表达渠道，其愿望、要求能够得到表达，农村的各种矛盾纠纷就能得到及时发现、及时化解。相反，如果农民没有自己的组织，有理无处说、有冤无处诉，矛盾就会越来越尖锐、积怨就会越来越深，久而久之引致矛盾的激化。可见，通过农民自组织，政府可以充分了解社情民意，这对于调节政府与农民间的利益冲突、改善农民与干部间的关系、化解村民之间的矛盾进而促进农村社会稳定大有裨益。

（三）农民自组织有助于农村自我整合

在传统乡村治理模式中，农村社会的整合主要依靠国家权力等外部力量，然而农村税费改革之后，随着农业税的取消和乡镇体制的改革，国家对农村社会的整合能力式微，而乡村治理必须构建优良的社会秩序，这种情况下，优良秩序的形成只有依靠农村自我整合。农村内部自我整合的途径不少，比如建立农村信用制度、制定村规民约、评定遵纪守法好村民、表彰敬老爱亲好儿女，尽管这些制度或活动有一定的整合功能，但对于处于原子化状态的农民来说，农民自组织化才是提高乡村社会自我整合程度的最佳途径。因为农民建立自组织就是内部整合的一种形式，自组织开展活动就是乡村社会秩序生成的过程。在农民组织化的过程中，分散的农民集合在一起，这本身就是一种整合，而且自组织的规章、制度对农民还有较大的约束作用，更重要的是农民有组织就有归宿感、有组织就能集中力量办大事，让一些难办的农村公益事业迎刃而解，可以有效填补外部整合的缺位。

（四）农民自组织有助于丰富村民生活

在城乡二元社会结构体制下，尽管我国文化已经大发展大繁荣，但城乡差距大，城市文化日新月异，打造了许多文化品牌和城市名片，而农村文化的发展步伐较慢，农民的精神文化生活整体单调。日常生活中，农民在劳作之余，常常是看看电视、聊聊天，没有其他足以充实生活的健康的文化体育活动。精神空虚的广大农民，一旦受到“黄赌毒”和封建迷信等不良风气的影响，就很容易误入歧途。为了丰富农民的业余生活，营造积极向上的价值观和富有正能量的社会风尚，在国家行政权力逐步萎缩的情况下，只有充分发挥农民自组织的作用，引导农民开展一些普及法律法规、传播科技知识、倡导移风易俗、强身健体服务等方面的活动。许多地方在实践中已经探索出不少新路子，涌现出了诸如“关爱之星”志愿者协会、道德评议协会、留守人口互助协会、禁毒禁赌协会、养老服务协会等组织。尽管许多类似组织没有登记注册，管理的规范度不高，但已经在农村社会发展、建设和治理中崭露头角，成为破解“三农”问题、建设社会主义新农村和实现乡村振兴的重要力量，为粗俗文化在农村的传播和腐朽文化在农村的蔓延构筑了一道道“防火墙”。

(五) 农民自组织有助于发挥农民的治理主体作用

农民是农村建设和治理的最直接受益人，在乡村自治和乡村振兴中应充分发挥农民的主力和主体作用，让农民以主人的身份积极参与其中。实践证明，在实施乡村自治和乡村振兴战略时，提升农民组织化程度是农民主体作用发挥的组织保证，因为坚持“民管、民办、民受益”的原则组建自组织和管理自组织，这个过程本身就可以强化农民的互助合作意识；在自愿成立组织、制定组织章程、大胆开展活动的过程中，可以培育农民的治理能力；另外，针对活动中暴露出的组织存在的问题，主动修改规则、更新方案，在调整中逐步规范，在合作中大家受益，在互助中共谋发展，这就是农民主体作用发挥的具体体现。

四、农民自组织的发展现状

自 1988 年 6 月 1 日试行实施《中华人民共和国村民委员会组织法》之后，村民自治组织发展迅速，各地成立了村民委员会和村民代表会议；2007 年 7 月 1 日实施《农民专业合作社法》之后，农民专业合作组织建设出现了十几年的蓬勃发展之势。多年过去了，农民自治组织本应该得到长足发展，但由于政治环境、制度基础、农村条件、农民素质等方面的限制，农民自组织水平还很低，总体上仍处于初级发展阶段，并且还存在一些不容忽视的问题。

(一) 数量少、规模小、功能弱

我国农民自组织以农民专业合作社为主，尽管农民专业合作社经历了一个迅猛发展时期，但相对于我国众多人口、广大地域、多元利益的庞大农户规模来说，组织数量相当有限，很大一部分农户依然游离在组织之外，并且东中西部的农户入社率悬殊，东部沿海地区组织覆盖率高于全国平均水平，中西部大部分省份却远远低于全国平均水平。农民自组织不仅数量少，而且规模小。有的组织入社农户不足 20 户，人数超过 30 人的不多。规模小带来的问题是功能弱。大部分农民自组织是在本乡本土小区域内的松散型联合，既缺乏资金又缺少为村民提供服务的手段，服务功能普遍较弱，真正能提供全方位服务的组织很少，很多组织只能提供廉价的技术和信息服务，吸引力和凝聚力不强；有的组织只是挂了块牌子，对农户的带动性、示范性和辐射性无从谈起。

（二）规范化程度有待提高

大多数农民自组织是农民自发成立的，组织成员素质不高，管理制度欠完善，规范化程度偏低。这主要表现在以下几个方面：首先，有的组织既没有法人资格，也没有规范的章程，宗旨不清，职责模糊，内部活力不够，民主氛围不浓。其次，组织与会员之间没有形成紧密的利益关系和约束机制，常常处于好则合、不好则散或者有利可图则合、遭遇风险则散的不稳定状态。再次，绝大多数农民自组织是基于地缘和血缘关系而建立，没有按照正规的组织规则来管理，致使组织之间的横向联系较少，合作区间狭小。另外，农村人才大量流失之后，组织不容易找到合适的管理人员，难以做到专业人做专业事，导致运行过程中的不规范行为普遍。以政治型组织为例：本来村民大会是村民自治的最高权力机构，可事实上村民大会名不副实的情况并不鲜见，村民会议很少召开，即使开也“形式化、过场化”；村务公开也是法律规定的，但公开内容失真、公开时效违规的情况比比皆是。

（三）官办色彩极为浓厚

目前，大部分农民组织没有独立性，有的挂靠在政府名下，有的依托龙头企业而建，有的甚至是政府特别措施驱动下组建的，官办色彩浓厚，或者说行政化、准行政化现象严重。这种依附性农民组织要么是希望挂靠政府以获得足够的资源和政策支持，要么是迫于政府对农民组织的严格管控。尽管这些农民组织与政府之间没有“断奶”，但其实政府对农民组织给予的财政、税收、金融等方面的倾斜并不多，相反，干预却不少。由于组织无法体现民办、民管、民受益的原则，政社不分倾向严重，久而久之，农民在组织里就只能处于从属地位，组织离农民越来越远，农民加入组织的积极性日渐降低，这非常不利于组织的健康发展，最终结果就是农民组织成了政府的附属部门或者政府在农村的“代理人”，农民组织不再是农民的代言机构，反而成为实现政府工作目标的工具。

（四）组织类型发展失衡

农民自组织有政治性、经济性和社会性之分。从数量上来说，当前我国农民自组织以经济性组织为众，主要是各种类型的农民专业合作社，它们是农民参与市场竞争、降低交易成本、抵御市场风险的理性选择，大多数村庄都有专业合作社，尽管数量和规模不一。其次就是政治性组织，主要形式是村民委员会、村民大会、村民代表大会，它们是村民自治的基点，在政府的推动下，早已经在农村普及。相对于政治性和经济性农民自组织，公共社会管理领域的农民自组织或者说社会性农民自组织为数不多，还处于萌芽状态。我国农村自古有基于血缘关系的、老幼接续的互助合作传统，但随着社会流动加剧和城镇化加速，这种互助合作机制逐步瓦解，给农村留守人口带来了诸多生活上的困难，也挑战乡村社会治理水平。如今，农民的公共服务需求呈现增量化、个性化和多样化特点，政府提供的有限公共服务已经满足不了需求，客观上要求农民自组织的积极参与。以服务、互助为宗旨的在农村社区开展公益慈善、邻里互助、文体娱乐等活动的社会性农民自组织的出现是现实所需，正好体现了社会价值。社会性农民自组织跳出了血缘关系的视域，建立在组织规则基础之上，这不仅拓宽了过去互助的血缘边界，而且弥补了以往互助的不足，减轻了人们对亲情互助的依赖性，加深了人们对规则的认识，可见社会性农民自组织给农村社会治理带来了新气象，值得大力培育，以便适应农村社会事务的需要，并与政治性自组织及经济性自组织同步发展。

（五）法律法规支持缺乏

农民组织的建立、运行、管理各个环节均离不开法律保障，但迄今为止，与农民组织有关的法律我国仅出台了三部，即关于政治性自组织的《村民委员会组织法》、关于经济性自组织的《农民专业合作社法》以及《社会团体登记管理条例》。《农民专业合作社法》给农民经济合作组织赋予了法律地位，可是其他农民组织的法律地位仍没有明确，也没有法人资格、属性、功能等相关法律规定。实践中，因为没有独立的法人资格和明确的法律地位，农民组织面临许多不便，发展极为受限。2017 年 12 月 27 日，民政部印发了《民政部关于大力培育发展社区社会组织的意见》（民发〔2017〕191 号），要求“以满足群众需求为导向，以鼓励扶持为重点，以能力提升为基础，引导社区社会组织健康有序发展，充分发挥社区社会组织提供服务、反映诉求、规范行为的积极作用。力争到 2020 年，社区社会组织培育发展初见成效，实现城市社区平均拥有不少于 10 个社区社会组织，农村社区平均拥有不少于 5 个社区社会组织”。还明确规定“加快发展生活服务类、公益慈善类和居民互助类社区社会组织，重点培育为特定困难群体服务的社区社会组织”。显然，在政府十分重视农民组织发展的背景下，要注重相关法规建设，不能让法制建设滞后制约农民组织化程度的提高。

第二节　陈家坝农民自组织助力乡村治理的创新

在农民自组织整体规模小、数量少、功能弱且社会性自组织处于弱势的当下，秭归县的陈家坝村却让社会性农民自组织成了乡村自治的左膀右臂，不仅活动开展得如火如荼、村民热情参与，而且收效显著，得到中央、省、县、乡各级领导的肯定和重视，吸引众多外村干部群众慕名前来参观学习，引起不少乡村治理专家学者的研究兴趣。

一、“天蓝地绿”环境卫生社团

（一）成立背景

陈家坝村距离县城近，村里的基础设施配套和村民的住房建设都比较好，但由于过去的管道、水沟建设基本上是自建自用，没有统一规划，时常堵塞。有的居民点一直没有修建排污沟，残渣剩饭随处乱倒。虽然有部分素质较高的村民能够做到垃圾装袋或入桶并等待清运车收集，但也有人将建筑废弃物随处堆、农田杂草随意甩、生活垃圾到处丢，导致不少地方污水横流、垃圾遍地，一些卫生死角让人头痛。为了给村民营造一个洁净的生活环境，共创美丽家园，村民们酝酿成立负责垃圾清运、河道沟渠清理、公路庭院清扫的民间组织。

（二）组建步骤

第一阶段：参观学习

图 5-1　考察杨岔路社区

图 5-2　参观浏河社区

组织村落理事会“两长八员”，到先进社区参观培训，邀请华中师范大学的教授来培训和指导。通过参观和学习，开阔村干部的视野，增强村民的信心，提升理事会成员的工作能力。

图 5-3　邀请华中师范大学教授进行社会工作实务能力培训

第二阶段：前期环境调查

图 5-4　查看公路周边

图 5-5　查看沟渠

组织村落理事长和志愿者对全村辖区内的公路、沟渠、河道等地进行环境调查摸底，做到对本村环境卫生难点心中有数。

第三阶段：环境卫生需求调查

环境卫生是全体村民自己的事情，环境卫生整治要靠大家齐动手，要营造“人人有责、人人参与、人人爱护”的氛围，因此，环境卫生现状摸底之后就是对村民进行需求调查，通过“问需于民”来了解村民的心声和期盼。

第四阶段：制定问题清单、贡献清单、公约

村民们集思广益，畅所欲言，共同查找本村环境卫生存在的问题，归纳汇总后列出清单。

图 5-6　环境卫生群体需求调查

图 5-7　拟定问题清单

问题理清之后，共同探讨解决办法，鼓励大家贡献力量。村民们逐渐认识到保护环境卫生不是干部的事情，而是每个村民的义务，于是纷纷自告奋勇地报名参与志愿服务。经过综合分析服务承诺，产生了贡献清单。为了增强群众的自律意识并相互监督，也为了形成“人人为我，我为人人”的良好社会风尚，村民共同制定《环境卫生公约》，让村民明白如何爱护环境卫生，如何从自我做起。

图 5-8　汇总贡献清单

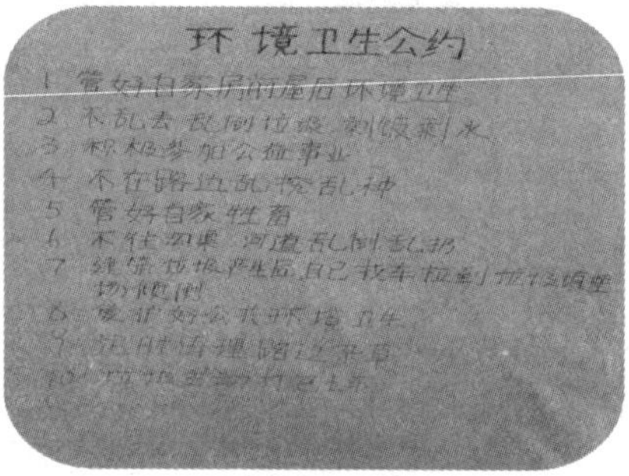

图 5-9　制定环境卫生公约

第五阶段：商讨积分标准和积分清单

为了激发村民的参与积极性，让服务活动可持续，决定采取积分制。每个积分的基础值不是干部自行决定，而由村民在 1 元、2 元、5 元、20 元四种基础值中自由选择，根据得票排序，选取支持率最高的，即 1 个积分相当于 2 元人民币。

至于哪些行为可以获得积分，村民的贡献如何借助积分来量化，也不能听一家之言，共同商定的结果才能得到村民认同。经过讨论，综合考虑劳动量和劳动强度，确定了积分清单。

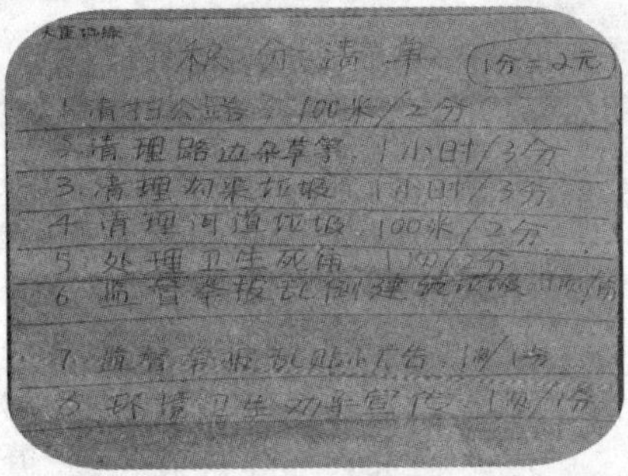

图 5-10　积分清单

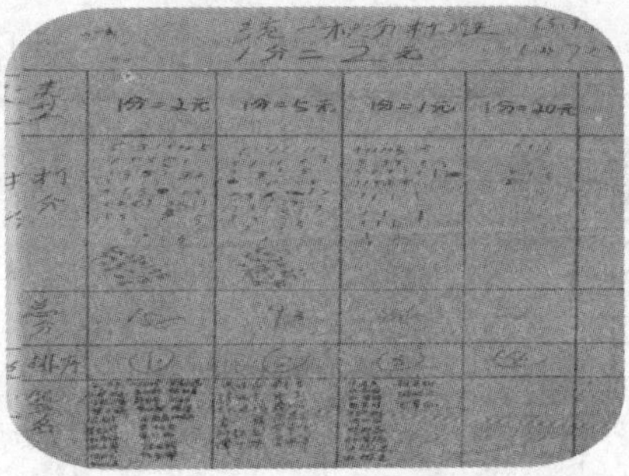

图 5-11　积分分值标准

第六阶段：发布公益岗位、锁定活动人群

基于前期准备工作，向参加活动的人群发布公益岗位，有服务意向者根据自己的业余时间、身体状况、能力大小等情况自愿报名选定岗位并签字确认。

图 5-12　活动人群锁定

图 5-13　公益岗位发布

第七阶段：团队分工，开展环境卫生清扫活动

有岗位、有人员之后就是实实在在的行动，行动要有序还离不开合理的人员分工和责任划分。一切就绪了，大家激情满满，不怕脏、不怕累，撸起袖子加油干！

图 5-14　分组行动

图 5-15　根据各自的报名合理分工

表 5-1 “天蓝地绿”社团公益环境卫生管护责任划分明细

序号	第 3 村落公益事业		距离（米）	积分	预设负责人员
	路段	河道			
1	李广梅—鲁成平门口		250	15 分/月	龚年柱
2	鲁承平门口—刘洋门口		250	15 分/月	王尚学
3		韩明屋后—绪新摩配屋后刘洋房后	400	15 分/月	李广梅
4		绪新摩配屋后—刘洋屋后	350	15 分/月	颜克红

表 5-2 “天蓝地绿”二社团公益环境卫生管护责任划分明细

序号	第 3 村落公益事业		距离（米）	积分	预设负责人员
	路段	沟渠			
1	王和志岔路—王和顺岔路	王合信旁边山沟	200	15 分/月	陈世久、赵春望
2	王和顺—刘明新岔路		250	15 分/月	李经科、王群建
3	刘明新岔路—徐组槐屋旁	刘华强堰塘上	150	15 分/月	刘明成
4	徐组槐屋旁—徐家包	徐祖同屋旁	200	15 分/月	徐祖同

第八阶段：填写积分储存凭证、积分兑换公示

劳作之后，登记积分以作后续兑换凭证。每隔一段时间，按人头统计积分、对外公示，既体现公开透明，又可激励他人，在村民中形成“比积分”“争先进”的氛围。

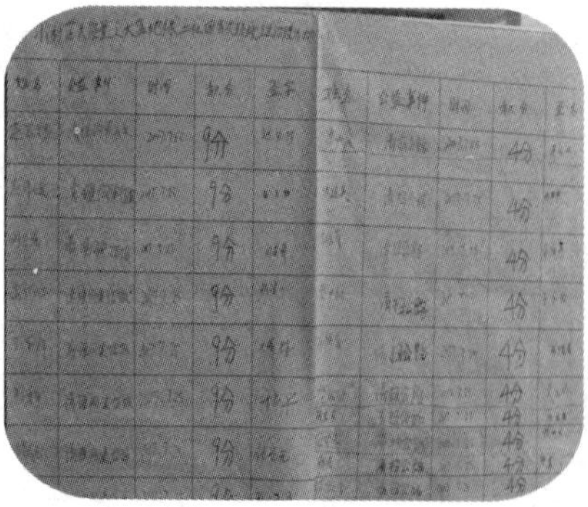

图 5-16 积分兑换公示

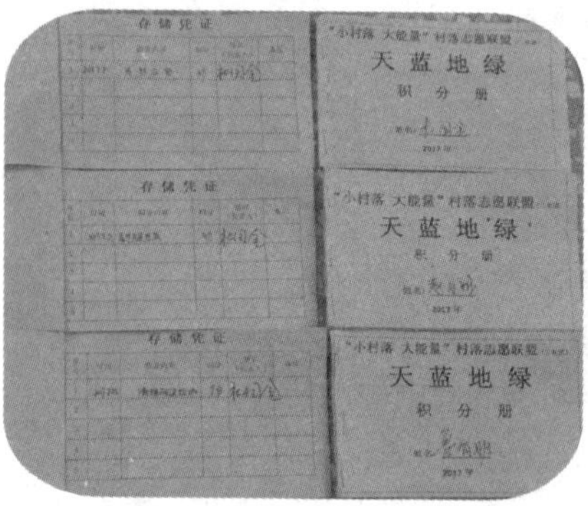

图 5-17 填写积分存储凭证

第九阶段：成立社团、选出团长

多次活动之后，大家积累了经验，也物色了出众的、能起带头作用的“社团领袖”。终于，条件成熟了，2017 年 7 月 25 日，“天蓝地绿”社团水到渠成地宣布成立。

图 5-18　“天蓝地绿”社团领袖

（左：团长杜国金；中：副团长赵月娥；右：副团长邓帮富）

图 5-19　“天蓝地绿”社团成员

第十阶段：开展别开生面的活动

每隔一段时间，社区就组织积分抽奖活动，吸引更多居民参与到乡村治理当中来。此外，还不定时地在不同村落之间进行环境卫生交叉检查，使“争先创优”气氛越来越浓。

图 5-20　积分抽奖活动

图 5-21　环境卫生交叉检查

为了进一步长期治理好全村的环境卫生，“天蓝地绿”社团时常开展“灭草行动”及环境卫生大清理、洁村洁河等公益活动。特地配备的专用自卸式垃圾车，定期清运垃圾；在“天蓝地绿”社团的感染下，已有很多村民加入到爱护环境、热爱公益的活动中来，村民生活环境越来越好，村容村貌越来越美。

图 5-22　环境卫生大清理

图 5-23　村民自发参与环境保护

二、“夕阳红”关爱志愿服务社团

随着改革开放的深入和社会流动的加剧，大量农村人口“离土又离乡”，留下许多留守老人，这些本该享受儿孙绕膝天伦之乐的老人晚景十分凄凉，他们生活无依靠、精神无慰藉、安全无保障、未来无指望，更严重的是有人卧病在床，度日如年；有的离世多日，无人知晓。鉴于此，陈家坝村多年来，一直致力于开展老年人关爱行动，比如组织老年人欢度重阳节、年关慰问困难老人、利用广播或专栏宣传敬老爱老事迹，但由于这些活动不具有连续性而收效甚微，也不能从根本上解决问题。2014 年，村两委希望以村党员群众服务中心为依托，利用原村办小学教学楼和现有康复器材、健身路径、医疗卫生服务、便民超市、农家书屋等设施，把全村以及邻村的能集中的老年人组织起来，建立有组织、有活动、有服务、有保障的“逸乐园”老年活动中心，使老年人真正实现老有所依，老有所乐，然而，苦于经费无着落，当年只能从提供棋牌、娱乐、健身场所等基本服务开始起步，给老年人提供了一个简单的活动空间。

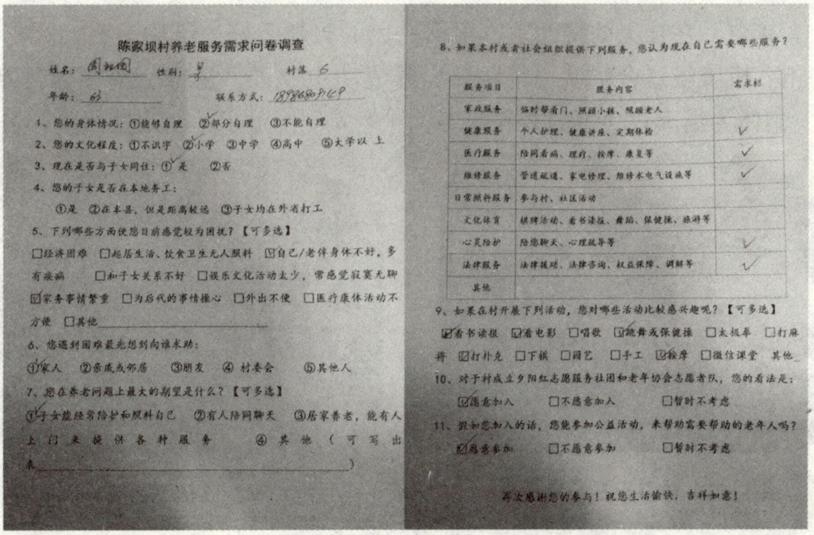
陈家坝村养老服务需求问卷调查

姓名：　性别：　村落

年龄：　联系方式：

1、您的身体情况：①能够自理　②部分自理　③不能自理

2、您的文化程度：①不识字　②小学　③中学　④高中　⑤大学以上

3、现在是否与子女同住：①是　②否

4、您的子女是否在本地务工：

①是　②在本县，但是距离较远　③子女均在外省打工

5、下列哪些方面使您目前感觉较为困扰？【可多选】

□经济困难　□起居生活、饮食卫生无人照料　☑自己/老伴身体不好，多有疾病　□和子女关系不好　□娱乐文化活动太少，常感觉寂寞无聊　☑家务事情繁重　□为后代的事情操心　□外出不便　□医疗康体活动不方便　□其他

6、您遇到困难最先想到向谁求助：

①家人　②亲戚或邻居　③朋友　④村委会　⑤其他人

7、您在养老问题上最大的期望是什么？【可多选】

①子女能经常陪护和照料自己　②有人陪同聊天　③居家养老，能有人上门来提供各种服务　④其他（可写出来　）

8、如果本村或者社会组织提供下列服务，您认为现在自己需要哪些服务？

服务项目	服务内容	需求栏
家政服务	临时帮看门、照顾小孩、照顾老人	
健康服务	个人护理、健康讲座、定期体检	✓
医疗服务	陪同看病、理疗、按摩、康复等	✓
维修服务	管道疏通、家电修理、维修水电气设施等	✓
日常照料服务	参与村、社区活动	
文化体育	棋牌活动、看书读报、舞蹈、保健操、旅游等	
心灵陪护	陪您聊天、心理疏导等	✓
法律服务	法律援助、法律咨询、权益保障、调解等	✓
其他		

9、如果在村开展下列活动，您对哪些活动比较感兴趣呢？【可多选】

☑看书读报　☑看电影　□唱歌　☑跳舞或保健操　□太极拳　□打麻将　☑打扑克　□下棋　□园艺　□手工　☑按摩　□微信课堂　其他

10、对于村成立夕阳红志愿服务社团和老年协会志愿者队，您的看法是：

☑愿意加入　□不愿意加入　□暂时不考虑

11、假如您加入的话，您能参加公益活动，来帮助需要帮助的老年人吗？

☑愿意参加　□不愿意参加　□暂时不考虑

再次感谢您的参与！祝您生活愉快，吉祥如意！

图 5-24　陈家坝村养老服务需求问卷调查

2015 年 7 月，村里成立了老年互助协会，村支部书记傅先新出任名誉会长，成员有徐祖旺、周祖庆、鲁有朋、傅永更、蔡定芳、徐经祥等人，日常工作由周祖庆负责。协会成立后，虽然遇到缺运转资金、缺专业人员、缺管理经验等困难，但在县民政局老龄办的领导和华中师范大学教授及社会工作者的帮助下，协会通过不断学习、探索，工作逐渐走上正轨。后来，陆续得到了湖北汇丰投资公司及其他个人、团体的资助，协会日渐发展成为全村老年人的主心骨。

2017 年 9 月，协会对全村老年人进行问卷调查，了解老年人的生活近况，洞悉老年人的需求及他们对参加公益事业的看法。

随后，根据村民在调查问卷中反映出的需求，老年协会在老年互助活动中心开展了一系列活动，例如：免费健康体检、游戏娱乐等活动。

图 5-25 村民一起做游戏

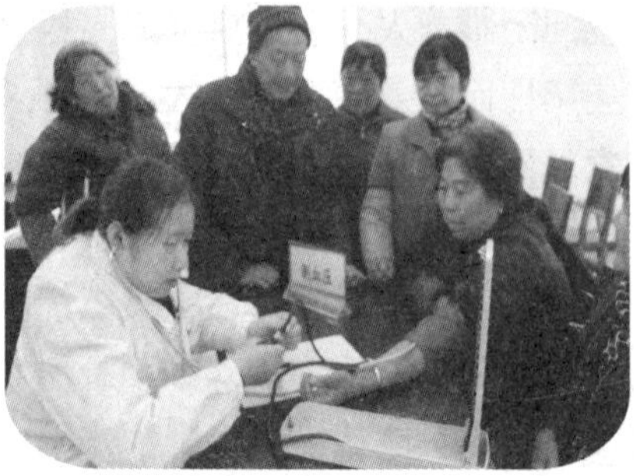

图 5-26 免费体检

紧接着，在社工的帮助下，根据村民的兴趣爱好，组建了手工丝花组、珠串组、棋牌组、合唱队、舞蹈队，并成功主办了“陈家坝村第四届敬老节”，集体为当天过生日的老人祝寿，让老人们度过了一个欢快的生日。

图 5-27 珠串组在研究图案

图 5-28 丝花组学得很认真

图 5-29 舞蹈队在排练

图 5-30 棋牌组在切磋技艺

经过多天的努力，2017 年 10 月 30 日，夕阳红志愿服务社团终于成立了！社团的宗旨是“助人自助”，33 名志愿者主要为全村 630 多名老年人建立健康档案，定期开展健康体检、心理咨询、困难慰问、法律援助、政策宣传、纠纷调解等服务，实现自我管理、自我服务。

图 5-31　合唱队在敬老节时深情演唱

图 5-32　敬老节时给老人集体过生日

图 5-33　社团成员合影

图 5-34　团长：徐祖望

三、“党旗飘扬”党员志愿服务社团

陈家坝村的党员队伍中只有少数在村党支部和村委会任职，受职数所限，大多数没有任党内职务的无职党员赋闲在家。无职党员是党员队伍的重要组成部分，其作用发挥关乎党的执政基础。社会转型期，社会风险叠加、社会治理任务繁重，要把基层治理好，离不开多种主体的共同参与，无职党员就是重要治理主体之一，因为无职党员平时就生活在群众中间，他们了解群众的所思所盼，也熟悉基层社会的真实情况。自从开展“两学一做”以来，经过广泛深入地学习，许多无职党员的党性增强了，特别是那些文化水平较高、思想觉悟较高的党员都有为乡村治理做贡献的意愿，但苦于没岗位、无职务，不知道劲朝何处使、热朝何处发，致使作用发挥呈现松散性、弱化性特点。在推进社会治理现代化的当下，为了发挥无职党员这个群体的力量，陈家坝成立了“党旗飘扬”党员志愿服务社团，将党员们变为基层社会治理的生力军。

“党旗飘扬”党员志愿服务社团对党员们的要求十分严格，制定了扣分制度：党员生活奢靡、贪图享受、追求低级趣味的，每次扣5分；党员不服从不配合支部工作安排的，每次扣5分；党员对支部安排的任务敷衍了事、拖拖拉拉、效果差、影响坏的，每次扣5分；党员受到上级部门或本单位通报批评的，每次扣5分；党员在网络上传播不良信息或言论的，每次扣5分；党员不积极支持公益事业的，每次扣5分。

“党旗飘扬”党员志愿服务社团要求党员们积极参与公益事业，努力做群众的表率，争创“五星党员”。按积分规定，凡是做公益事业的积分达到100分的党员，可以评为“三星党员”；凡是做公益事业的积分达到200分的党员，可以评为“四星党员”；凡是做公益事业的积分达到300分的党员，可以评为“五星党员”；凡是做公益事业的积分达到100分的党小组，可以评为“优秀党小组”；凡是组织党员认真学习，积极投身公益事业，及时完成党支部安排任务的党小组长，可以评为“优秀党小组长”。按规定，党员必须遵守一些底线，否则在星级党员评定中将被“一票否决”，主要包括：在思想和行动上与上级不能保持一致的、信仰宗教或参与邪教及封建迷信活动的、参与传销等非法组织的、无正当理由而6个月缺席党员组织生活或者不交党费的、参与打架斗殴的、不尽赡养老人和抚养子女义务的、吃拿卡要并在村民中造成不良影响的，等等。

为了给一些无职党员提供发挥作用的平台，“党旗飘扬”党员志愿服务社团在调查摸底的基础上，开展设岗定责活动。即结合陈家坝的实际需要，设立政策法规宣传岗、党风廉政监督岗、社情民意反馈岗、文明建设督导岗、矛盾纠纷调解岗、环境卫生保护岗、便民惠民服务岗等，并组织党员根据自身年龄、文化、健康、特长等实际情况自选岗位，岗位认定后再向外公示确定。通过“支部设岗、党员选岗、公示定岗”等程序，实现无职党员“虽无职但有责，虽无位但有为”。

四、“文明新风”公共文化志愿服务社团

无论是社会主义新农村建设的20字方针“生产发展、生活富裕、乡风文明、村容整洁、管理民主”，还是乡村振兴战略的总要求“产业兴旺、生态宜居、乡风文明、治理有效、生活富裕”，乡风文明都是主要内容。针对

当前农村存在一些赌博打牌、封建迷信、打架斗殴、夫妻失和、家风不严、不孝顺老人、相互攀比等不良风气，陈家坝村成立了“文明新风”公共文化志愿服务社团。社团的主要职责是开展公共文化活动、弘扬优良家风家规、提升精神文明创建实效。

以健康向上的文化娱乐活动愉悦群众身心。“文明新风”公共文化志愿服务社团充分发挥理事会的作用，利用党员群众服务中心广泛组织村民跳“广场舞”。通过争取项目在移民居民点和翁桥沟居民点各兴建了一个标准化的小型广场，还分村落建起了“六小”文化活动广场，方便附近村落群众开展文化体育娱乐活动。每年的三八妇女节、八一建军节、十一国庆节以及正月十五元宵节，都尽量开展庆祝活动，给平时各忙各的村民创造相聚和交流的机会，让村民们在活动中增进了解、加深友谊、陶冶情操。

为了激励中小学生努力学习，营造“勤奋学习、追求上进”的氛围，“文明新风”公共文化志愿服务社团在高考放榜之后举办“应届大学生及家长座谈会”，村里的舞蹈队和合唱队争相表演节目，为家长和学生庆功，村两委还给大学生发放奖金，资助他们完成学业。

图 5-35　陈家坝村 1、2、3 村落“最受尊敬老人”“孝老爱亲模范”评选

为庆祝九月九日的“敬老节”，村里每三年开展一次大型活动，村民们载歌载舞，老人们喜笑颜开。文娱表演之后，表彰“最受尊敬老人”“孝老爱亲模范”，受此鼓舞，获奖老人极具成就感，上榜家庭更有动力。在榜样的带动下，更多家庭变得和睦，更多老人得到幸福。

针对农村存在的大操大办陋习，“文明新风”公共文化志愿服务社团引导村民移风易俗，简办红白喜事。首先是制定《农村红白喜事聚餐申报制度》，按规定，全村 13 个村落中需要办酒宴的农户，需要先在村落理事长手中领取并填写申请备案表，将请客事由、酒席桌数、菜单标准、食品来源等内容详细说明；然后，由村委会派人调查核实，若发现铺张浪费、讲究排场的苗头，坚决不批。该制度开始实行时，村民们不习惯，过一段时间后慢慢地就接受并自觉遵守了。如今，13 个村落都养成了除婚丧嫁娶之外，“不整无事酒”、不燃放鞭炮、勤俭过节、文明办事的习惯。聚餐申报制度的实行，既监控农村聚餐的食品安全隐患，也狠刹了畸形人情风，让村民将有限的收入尽量用于发展生产，培育了良好乡风。

此外，日常生活中充分利用好村“宝塔河农民之声”广播室，通过广泛宣传政策法规、传导养生妙招、表扬身边好人好事、播放健康歌曲和励志故事，提升村民素质，强化精神文明建设。

五、“公管卫士”公益设施建管社团

近些年，农村民生工程投入力度加大，农村水利、公路等公益设施建设取得不少成绩。但是，农村公益基础设施建设存在重建轻管的问题。工程完工之后，政府对后期管护没有资金预算，村集体也没有闲置资金用于建设后的管理。有的干部把公益设施建设当成政绩工程来抓，一旦验收通过就不再有积极性继续投入监管。少数村民的管护意识薄弱，认为设施是政府建设的，就应该由政府来管理，所以对出资出劳的号召有怨言，对设施破损不当一回事。为了让公益设施物尽其用，尽可能延长其使用寿命，尽可能多地服务农民，必须在管护模式上想办法。

陈家坝村在集体经济能力极为有限的情况下，没有经济实力通过市场化购买专业服务的方式去解决基础设施管护问题，于是，另辟蹊径，在广泛征求居民意见之后，决定成立“公管卫士”公益设施建管社团，借助这个志愿者组织带动村民自行管理村级公共设施。“公管卫士”们经常性巡查村落里的管道、网络、水电、沟渠、桥梁、保洁设备、农家书屋、文化广场、宣传专栏等设施，及时发现破损、及时报备维修、及时制止损毁。在摸索中“公管卫士”们逐渐意识到，只有尽量让村民参与建设过程，完工之后村民才有主人翁的态度去协助管护。于是，如遇建设项目下乡，“公管卫士”们就深入群众问询建设需求，根据民意确定项目内容和规划选址。渐渐地，村民们不再认为公益设施建管“事不关己”了，已经从观望者变成管理者，使村里的公共设施得到了较好的管理，一些闲置资源得到了有效利用。

第三节　提升农民组织化程度的思考

农民的组织化程度受多种因素影响，比如当地经济社会发展水平、乡村精英人才、农民自身素质，等等。由于广大农村的经济状况千差万别、社会发展参差不齐、农民受教育程度高低不一、接受新事物的速度有快有慢，这决定提升农民组织化程度不可能整齐划一，而是一个渐进且不平衡的过程。纵观全国的农民组织化整体情况，结合陈家坝村的创新实践，笔者认为要真正提升农民的组织化程度进而让农民自组织在乡村自治中发挥作用，必须注意以下四个方面。

一、强化法治保障

农民自组织只有得到法律的保障，才能健康有序发展，因而，要建立健全农民组织的法律法规体系，明确农民自组织的法律地位、权利义务、进入退出条件、与管理部门间的关系，为农民组织化水平的提高保驾护航。适度降低农民自组织取得合法地位的资格要求，简化登记程序，削减行政审批手续，减少对农民自组织的约束，拓宽开展活动的领域，给农民自组织更大的发展空间。出台相关的优惠政策，从财政、税收、信贷等方面给予多方面支持。比如：增加优惠税种，通过税收减免来鼓励农民自组织开展经营活动和增加业务收入；通过财政补贴，扶持新成立的组织度过脆弱期；放宽贷款担保条件，协助农民组织获得信贷资金的支持。

如果监管缺位，农民自组织有可能对社会稳定产生负面影响，类似集体上访之类的事情轻则破坏正常生产秩序和工作秩序，重则引发社会危机，这就要求国家依法对农民自组织领袖和骨干成员进行法制教育，增强他们的法律责任和政治意识，防止西方敌对势力、宗教势力及非法组织的渗透，避免农民自组织变质为旧社会的“秘密会社”。因而，要以法律制度规范农民组织的活动开展，确保活动主题、活动形式、运行机制、利益分配都合法合规，促使组织又好又快发展，充分发挥农民自组织在化解社会矛盾、优化资源配置、调适社会关系等方面的优势，让农民最大程度受益。

二、尊重农民意愿

从家庭联产承包责任制的出现到第一个村民委员会的诞生，都是农民首创的。历史证明，农村变革中的许多新生事物都源于社会实践第一线的群众的智慧，农民具有巨大的创造力。陈家坝村的农民自行成立“天蓝地绿”环境卫生社团、“夕阳红”关爱志愿服务社团、“公管卫士”公益设施建管社团、“党旗飘扬”党员志愿服务社团和“文明新风”公共文化志愿服务社团，对乡村进行自我管理、自我服务，填补了二元社会结构下农村治理中的社会组织空白，实现乡村自治从无序到有序的嬗变，再一次证实农民完全有能力办好自己的事情。所以，在农民组织化这件事情上，不能抱着放任自流、自生自灭的消极思想，也不能采取一刀切的武断做法，更不能违背农民的意愿而野蛮地强迫推进，而要遵循市场规律、注重循序渐进，同时尊重农民的意愿和选择，因势利导、宣传引导、鼓励创新、允许试错、宽容失败、肯定成绩、支持发展。

三、政府适度参与

农民自组织是农民治理乡村最便捷的平台，可以改变传统农民的封闭孤立状态，培养合作互助精神，培育新型农民。近年来，随着农村经济社会的发展，农民通过自组织参与经济社会活动的积极性得以提高，然而，由于建国之初农业合作化失败的教训，农民在心理上对组织化比较敏感，担心重蹈覆辙。因而，在农民还看不到组织化的前景、还没有感受到组织化带来的切实好处时，政府切忌过度干预，以防农民组织化再次误入歧途。也就是说，政府不能用包办方式来直接管理，而应该遵从“重引导、少干预、多服务”的工作原则，适度参与农民组织的活动，尽量用经济和法律间接管理手段、鼓励和协助等迂回管理途径，帮助完善其运行机制和内部监管制度，想方设法解决其发展中遇到的新情况新问题。一旦政府跳出直接管理、直接干预的老路数，切实转变职能、调整方式、增加服务，农民自组织在舒心的外部环境中和良好的发展条件下定会顺畅而健康地发展成“民办、民管、民受益”的新型农民组织。

四、创新组织形式

由于农民成立组织的目的不同，对组织的期盼和需求不同，这决定农民自组织的形式一定是多元的。当前，类似农民专业合作社之类的经济组织已经得到了很好发展并且在农村经济发展中起到了重要作用，但是农村自治不仅仅包括经济一个方面，还包括政治、文化、社会、环境等多个方面。经济组织只是农民自组织中的一个类型，在推进乡村振兴战略的当下，应在增强农民组织经济功能的同时，加快非经济性农民组织的发展。农民自组织的主体和主人是农民，农民组织的内生动力和活力也应来自于农民，所以要保护好农民的积极性，走出重经济轻社会的误区，鼓励农民不拘泥于一种模式，拓宽思路去因地制宜地创新组织化形式，组建和培育农业产业化组织、农业生产互助组织、农村综合性服务组织、农民文体娱乐组织、农民法律援助组织、农民环境卫生保护组织等多样化组织来壮大农业、服务农村、惠及农民。

五、挖掘草根力量

尽管农村人才流失严重，留守人口中以年龄大、体质弱者居多，但农村自治需要处理的很多事情都是日常琐事，对受教育水平的要求不高，只要有责任感、有公益心、能服众即可胜任。村里有不少这种村民，如果将有相同服务意愿者联合起来以组织的形式为村民服务，肯定受群众欢迎，因为这种组织的成员来自于群众身边，与农民有天然联系，具有草根性，他们说话和做事的方式都十分接地气，无论是从心理上还是文化上均容易被村民接受。再者，这种土生土长、本土本乡的草根力量，熟悉乡村环境、了解风土人情、理解村民的所思所盼，作为群众的一分子来带头治理乡村，不仅不会有抓政绩、图名利、会作秀的嫌疑，反而会产生相当的示范效应，起到“四两拨千斤”的效果。

附件 1：陈家坝村天蓝地绿社团志愿者章程

一、社团性质

天蓝地绿社团服务志愿者是共产党员、共青团员、村落居民、自愿参加，并志愿为村落居民群众和社会公益事业提供服务的群众性组织。

二、社团宗旨

以党的十九大会议精神为指导，为实现打造我村共建、共治、共享的社区治理新格局而努力。以为人民服务、奉献社会为宗旨，根据村(居)民日益多方面生活需求，组织社团成员围绕“路面干净、沟渠畅通、河道无垃圾、公共场所卫生”开展多种形式的清扫、清收、清运服务，倡导志愿、低偿服务，弘扬中华民族互助互爱的传统美德，促进“美丽乡村”建设。

三、社团职责

社团定期召开会议，组织活动，根据不同时期村民群众的需求，提出具体的任务和工作要求。定期为社团成员进行培训，树立为人民服务的思想，提高满足村民的生活需求服务的能力，帮助村民解决难题的本领。

四、社团成员

社团成员加入社团实行自愿的原则，凡承认社团章程，有意愿加入到社团这个大家庭共同为我村的发展和有服务需求的村民，经申请并认领公益且积极参加活动均可加入。

社团通过成员共同活动并在活动中发现且推选产生社团团长一名(社团领袖)，副团长两名，成员若干。社团成员有退出社团的自由。凡是一年未参加社团活动的作自动退出社团处理。社团成员如有严重违反本章程的行为，经社团负责人表决通过，予以除名。

五、社团成员的权利

有志愿参与权和志愿退出权；

有权优先参加社团的各种活动；

有权得到社团提供的各种信息；

有权对社团的工作提出批评建议，进行监督。

六、社团成员的义务

1. 遵守社团章程；

2. 执行社团成员多数的决议；

3. 认真负责地完成志愿服务的工作；

4. 积极参加社团组织的各项活动。

附件2：夕阳红老年志愿服务社团章程

第一条　本团体名称：陈家坝村夕阳红志愿服务社团。

第二条　本团体性质：陈家坝村夕阳红志愿服务社团是由陈家坝村小村落大能量村落志愿联盟下的分社团组织。隶属陈家坝村委会管理。

第三条　本社团的宗旨：遵守宪法、法律、法规和国家政策，遵守社会道德风尚，通过开展多种老年人喜闻乐见的文娱活动、公益活动，引导老年志愿者发挥余热，以实现陈家坝村老年人老有所为，老有所依，老有所乐。

第四条　本团体的业务范围：

1. 组织老年志愿者开展各种有益于老年人身心健康的文体活动，丰富村落村民的精神文化生活；

2. 组织老年志愿者开展各种关爱“贫困、失独、空巢、残疾”四类特殊老年人的公益活动；

3. 组织老年志愿者开展卫生、环境保护、治安调节、纠纷化解等义务监督活动。

第五条　社团成员享有下列权利

1. 本社团的选举权、被选举权和表决权；

2. 参加本社团的活动；

3. 获得本社团的服务优先权；

4. 本团工作的批评建议权和监督权；

5. 入团志愿，退团自由。

第六条　社团成员履行下列义务

1. 拥护本社团的章程；

2. 执行本社团的共同决议；

3. 维护本社团的合法权益；

4. 完成本社团的交办的工作；

5. 向本社团反应情况，提供有关资料。

第七条　本社团章程的修改必须经社团成员大会审议通过后修改。

第八条　本社团负责人必须具备的条件：

1. 政治素质好；

2. 热心为社团成员，热心为村和有需要服务的人服务；

3. 身体健康，能正常开展工作。

附件3：陈家坝村老年互助照料活动中心承诺书

凡是在老年互助照料活动中心参与日常活动的人员，必须服从当天值班人员的安排。

在中心参加活动的人员必须自觉遵守活动制度、维护活动场所秩序，讲文明话、做文明事、当文明人。团结友爱、不闹矛盾、不拉帮结派。有问题及时向值班人员和老年协会成员反映。老年协会成员有义务为村民解决出现的问题并进行心理疏导。

平时参加活动时，要爱护活动场所的环境卫生，不乱丢烟头、不乱扔垃圾、不随地吐痰、不携带瓜果零食到中心食用。主动配合值班人员做好卫生。

参加活动人员需积极配合村两委、老年协会及上级部门组织的调研、检查、考察及其他接待任务。

参加活动人员需注意人身安全，不带病到中心活动。若身体不适者不听劝阻，在活动中心出现意外，活动中心概不负责。

以上承诺由老年互助活动中心人员和老年协会成员共同商定。该承诺一式两份，参加活动者一份，老年互助照料活动中心一份。该承诺自签订之日起生效。

承诺人：

时间：　　年　　月　　日

附件4：陈家坝村老年协会章程

第一章　总则

第一条　本组织定名为陈家坝村老年人协会（下面简称“协会”）。

第二条　协会是社区（村）老年人自愿成立的自我管理、自我教育、自我服务、自我保护的组织。协会在社区（村）党政组织领导下开展工作，并接受上级老龄部门的指导。

第三条　协会在宪法和相关法律法规及政策允许范围内开展工作。

第四条　协会的宗旨是：围绕党和政府的中心工作，开展有利于“四个文明”建设、有益于老年人身心健康、适合老年人特点的活动。发挥老年人的作用，维护老年人的权益，反映老年人的心声，团结本社区（村）老年人，努力实现“老有所养、老有所为、老有所学、老有所医、老友所教、老有所乐”的奋斗目标，使老年人与全社会成员共享全面建成小康社会的成果。

第二章　任务

第五条　协会的主要任务是：

1. 围绕党和政府的中心工作，宣传党和国家的方针政策，贯彻落实“一法一例”，维护老年人的合法权益；

2. 及时向社区（村）和上级老龄工作部门反映老年人的意见和要求；

3. 研究和探索新形势下老年人遇到的新情况、新问题，协助社区（村）做好老年群体的各项工作，发挥老龄主管部门的助手、桥梁和纽带作用；

4. 完成社区（村）和上级老龄主管部门交办的老龄工作。

第三章　会员

第六条　凡居住在本社区（村）且年满60周岁的老年人，承认本章程，均可申请入会。

第七条　会员权利：

1. 参加协会组织的各项活动；

2. 有表决权、选举权和被选举权；

3. 可以对协会工作提出意见、建议、批评及实施监督，并要求协会对所提问题予以答复和解决；

4. 退会自由。

第八条　会员义务

1. 自觉遵守国家法律法规，维护社会公德，贯彻党的路线、方针、政策；

2. 遵守协会章程和有关制度，执行协会决议，完成协会交办的各项任务；

3. 积极参加协会组织的活动；

4. 宣传协会章程及宗旨，发展会员；

5. 向协会汇报工作、反映情况、提供有关资料。

第四章　机构

第九条　协会选会长1名，副会长2名，委员若干。会长、副会长、委员的构成要有代表性，尤其是妇女代表。协会可根据居住条件再划分成若干小组，组长由委员会任命。

第十条　协会委员因变故需增补时，由全体委员讨论决定，并提请下届会员代表大会追认。

第五章　经费

第十一条　经费来源

1. 可从社区经费（村公益金）中按比例划拨一部分；

2. 会员会费；

3. 社会捐赠或资助；

4. 通过合法途径的创收收入；

5. 老年人自愿捐献。

第十二条　经费必须用于协会开展活动。

第十三条　经费必须要有专人管理，专款专用，定期公布收支情况并接受全体会员的监督。

第六章　附则

第十四条　本章程自公布之日起试行。

第十五条　本章程解释权属于本协会。

小　结

本章主要探讨农民自组织在乡村自治中的平台作用。第一节阐述了农民自组织的相关概念、分类、对乡村自治的作用以及发展中存在的数量少、规模小、功能弱、规范程度不高、缺乏法律支撑、组织类型发展失衡、官办色彩浓厚等问题。第二节展现秭归县陈家坝村农民自组织活跃于乡村自治的创新。该村农民自发成立的“天蓝地绿”环境卫生社团、“夕阳红”关爱志愿服务社团、“公管卫士”公益设施建管社团、“党旗飘扬”党员志愿服务社团和“文明新风”公共文化志愿服务社团，改变了村庄环境、改变了村民精神面貌、改变了乡村治理方式，给村两委减轻了负担，让乡村自治从无序变为有序。第三节是基于全国农民组织化整体情况和陈家坝村的创新实践，发现要真正提升农民的组织化程度进而让农民自组织在乡村自治中发挥作用，必须强化法治保障、尊重农民选择、政府适度参与、挖掘草根力量并创新组织形式。

第六章　积分制构建乡村自治长效机制

基层社会治理领域中，村民参与“冷”、社区工作“累”、乡村治理“难”一直是基层工作者普遍的困惑。近年来，湖北省宜昌市秭归县茅坪镇陈家坝村推行“积分制”管理，对社会事务实行量化管理，通过正向激励，调动村民自治积极性，构建村民共建共治共享的乡村治理格局，走出一条有成效、可复制的基层治理新路。本章重点探讨积分制管理在乡村自治领域内的应用，深入解析陈家坝村乡村治理积分制管理的运行机制和实践经验，并在此基础之上，全面反思、总结陈家坝乡村治理经验。

第一节　积分制管理与乡村自治

所谓积分制管理，就是用积分（奖分和扣分）对人的能力和综合表现进行全方位量化考核，并用软件记录和永久性使用，目的是全方面调动人的积极性，扩大群众参与。总而言之，是指在传统人本管理与激励理论的基础上，进一步将人的奉献大小予以细化量化，通过充分的定量汇总而至最终的定性分析，以此判别当事人的能力与贡献、责任感与敬业精神。积分制管理方法起于企业、机关事业单位管理，由湖北群艺数码董事长李荣创立，从2008年起面向全国推广，被誉为“中国企业管理落地第一课”，已在数万家企业落地实施。可见，积分制管理最初实践于企业，能够使企业员工自我激发主人翁意识，做到“主观上为自己，客观上为公司及他人”。但推而广之，其对于调动积极性，发挥主观能动性，激发创造性，具有普遍适用意义，是对既有管理理论与模式的又一次创新与创造。因而，同样适用于乡村治理实践。

一、积分制在乡村治理中的应用

村民自治积分制管理，就是通过发动和引导，让村民以行动参与积分，由旁观者向和谐乡村建设参与者转变，激发村民参与乡村自治的热情，以达到“以积分记录美德、以积分兑换服务、用行动传递正能量”的目的。即积分制管理的理念是通过奖分与扣分，对人的行为和综合表现进行量化考核，通过软件记录后，把积分的名次按年或季度与发福利、评先进等挂钩奖励。其特点是以奖分为主，积分对每一位村民来说终身有效，使用后不清零、不作废，成为老百姓终身的“道德银行”。通过积分制管理，让村民人人都是管理者，人人都是执行者，人人知道“勿以善小而不为，勿以恶小而为之”的道理，真正懂得“吃亏是福”“老实人不吃亏”的含义，从而弘扬真善美，倡导正能量。

积分制的好处是通过村民积分的形式，一方面记录村民所做的好人好事和参加集体活动的表现，增强村民的主人翁精神；另一方面，通过身边的好人好事教育和影响村民，在村里营造尊老爱幼、诚实守信、民族团结、自力更生、热心公益活动的良好风尚。积分制起到了良好的作用。

奖励制度是积分制管理的关键。一般积分奖励分精神奖励、政策激励、兑换服务奖励和物质奖励四大类。精神奖励包括评星、评先表彰等；政策激励有办理特惠公交 IC 卡、优先入住养老院、优先选择实物配租公租房等；兑换服务奖励包括志愿者服务、家政服务、免费体检等；物质奖励通过财政保障、商家让利、社区补贴积分券等办法，让居民可以在合作商家以积分兑换商品。通过积分、评优、发放福利等方式，调动居民积极参与社会治理，争做好事，争当优秀居民。积分奖励活动由村组织实施，每季度至少进行一次。从程序上来说，由村级组织在征求居民意见的基础上，提出奖励方案。奖励方案报乡镇财政、综治部门审核后，再由村公示 7 个工作日。此外，奖励经费的使用情况将接受村务监督委员会监督。对在居民积分奖励工作中有徇私舞弊、弄虚作假、不按规定条件和程序进行奖励等行为的人员，根据情节轻重，给予批评教育或者党纪政纪处分；构成犯罪的，移送司法机关依法追究刑事责任。

近年来，陈家坝村坚持把积分制管理与村民自治结合起来，结合村情实际，在各村落成立积分制管理领导小组、考核小组、爱心超市管理小组，修订完善村规民约，发挥村民议事会、红白理事会等村民组织的监督作用，用自己人管自己的事，引导村民积极参与乡村治理，培育文明乡风、良好家风和淳朴民风。即将积分制管理理念引入乡村治理，在乡村推行积分制管理办法，以积分形式对治理主体的行为表现进行全方位量化考核，通过积分鼓励治理主体主动参与社会组织活动，鼓励村民崇尚良好家风社风民风，并根据积分制管理办法对治理主体给予一定物质和精神激励的社会治理模式。

二、积分制的治理成效

乡村治理积分制管理实践以来，实现了社会治理由“替民做主”向“由民做主”转变，由“单一行政管理”向“多元协商共治”转变，由干部“唱独角戏”向村民“跳集体舞”转变。具体来说，能够取得以下成效：一是能够激发社会力量参与乡村治理热情。积分制管理与推进基层乡村自治高度契合，对于精准回应村民诉求，有效调动村民参与积极性具有现实意义。二是能够解决基层治理工作无抓手的难题，通过积分制管理手段，能够有效地依靠村民、发动村民、团结村民，在乡村治理活动中，参加的人增加了，支持的人也自然会增多。三是能够弘扬社会正能量。乡村治理积分制管理以积分记录美德，用行动传递正能量，树立起社会道德文明新风尚。这样身边好人好事多了，居民矛盾纠纷少了，邻里沟通交流频繁了，村民安全感提升了，社会关系也会更和谐。四是能够增强基层党组织“三力”。积分制管理推广以来，通过“居民自管+积分”，以先进带后进方式，基层党组织的号召力、凝聚力、战斗力进一步增强。

第二节　陈家坝村积分制管理的运行内核

积分制管理的精髓在于注重对人们日常行为的长期、有效引导，它能够充分激发人的持续内在动力，有效引导村民进行“自我教育、自我调节、自我约束、自我服务和自我发展”。为此，陈家坝村积极探索，将积分制作为创新乡村治理实践的有效手段，努力将积分制管理广泛推进并取得实效。

一、制度设计

制度设计是任何一项实践有序运行的前提和保障。其中主要涉及积分制管理的主要对象、项目内容、实施主体、操作程序、结果应用等。具体来说，包括如下几大内容。

（一）积分制管理的主要对象

乡村治理积分制管理的主要对象包括三类：村民个人、家庭和单位（商户、社团）。即村民本着自愿参与积分的原则，党员干部应带头参与，以户为单位积分，个人积分纳入家庭积分。在实际工作中，陈家坝村不断拓展积分制管理覆盖面，逐步将各类对象纳入管理范围，逐步提高积分制管理的效率。

（二）积分制管理的项目内容

陈家坝村积分项目主要涉及思想政治类、平安建设类、美丽乡村建设类以及奖励惩罚类等四个项目。思想政治类主要包括拥护中国共产党的领导、拥护党的路线方针政策、践行社会主义核心价值观，弘扬以文明礼貌、奉献社会为主要内容的职业道德，以尊老爱幼、男女平等、夫妻和睦、勤俭持家、邻里团结为主要内容的家庭美德，以友善互助、正直宽容、明礼守信、热情诚恳、自强自立为主要内容的个人品德等内容。平安建设类主要包括参与维护国家机关工作秩序、社会公共秩序、公民生活秩序为主要内容的治安秩序；以街面巡守、治安及反恐信息收集、单位内部防范、守家护院为主要内容的群防群治；以不稳定因素信息摸排、矛盾纠纷调解、维护稳定为主要内容的矛盾纠纷化解工作。美丽乡村建设类主要包括参与美丽乡村建设活动及村会议、文体活动，道德讲座，健康教育等集体活动；帮助孤寡老人、“三留守”人员、精神病患者等奉献活动，保护修缮公共设施、维护环境卫生、举报违法施工和破坏环境行为等管理活动。奖励惩罚类主要对荣获各级荣誉以及先进事迹被各级媒体宣传报道的，给予一定分值的奖励；积分事项被确认为虚假的，给予加倍扣分的惩罚。具体又细分为：党建类、精准扶贫类、家风正能量类、安全生产类、综治维稳类、关爱类、公共事务类、环境设施建管类及荣誉类九类。这其中，家庭和单位（商户、社团）根据不同参与方式设置相应的积分计分标准，积分的具体内容及积分标准参考《小村落大能量村落志愿联盟积分明细》，设置符合自身实际的积分管理细则。

（三）积分制管理的实施主体

村是乡村治理积分制管理的实施主体。因而，陈家坝村在不断的实践摸索过程中，成立了由支部书记牵头、支部副书记具体负责的领导小组，做好“积分制+”管理的领导和宣传发动。并逐步建立健全了由村两委干部、党员代表、村民代表、网格员、志愿者等组成的工作小组，负责制定本村落社会治理积分制实施办法并负责执行落实。其中，由村落干部负责统筹协调，并结合工作实际，筹划社会治理积分制活动。网格员主要负责入户宣传积分制管理办法，为村民做好积分申报记录、初审等具体工作，党员代表、村民代表、志愿者积极带头宣传，落实积分制管理工作。同时，积分制管理工作受村民监督。

（四）积分认定操作程序

陈家坝村按照个人、家庭、单位（商户、社团）三类对象，分别建立积分账户。积分认定分三大程序：申报、审核、确定。具体操作流程为：村民自行申报—网格员（包括村落干部）采集初审—村落干部专人审核—公示栏公示—网格员录入积分制管理平台—填写积分通知单等。积分申报要实事求是，符合规范，注重实效。可由本人申报，也可由他人代为申报。审核要认真负责、严谨细致、提高效率，切实摸清积分事项发生时间、地点、事由和相关证据。审核结果在村落公示栏公示，接受村民监督，确保结果公平公正。公示完毕无异议后确定积分，发放积分凭证并录入积分管理系统。

具体来说，积分流程如下：村建立管理台账，有参与意愿的村民以户为单位建立积分手册。一日一记录。积分申请可通过口头、电话、短信、QQ、微信等多种方式申报，也可网格员代为申报，其他村民也可向村落反映加分。申报时要清楚告知行为发生的时间、地点、事由，并提供相关证据。一月一审核。村落积分管理工作小组每月对村民积分进行审核认定，认定结果在每月“支部主题党日”活动中进行公开。一季一公示。每季度将村民的积分情况在醒目位置进行公示，接受广大村民的查询、监督。村民对积分有异议的，可进行反映，支部调查核实后，根据调查情况做出处理。

（五）积分结果运用

年度内积分实行累积使用，奖励之后不清零，年底清零，次年重新积分。奖励形式分为兑换服务、物质奖励、精神奖励和享受有关激励政策。兑换服务、物质奖励由村统筹实施。开展积分分享活动，以村为单位不定期开展积分分享活动，邀请参与积分的村民分享积分心得、讲述积分小故事。为不断丰富活动内容和进一步提高村民参与热情而开展“积分制+”活动，村民积分高于平均分以上者，可以被推荐为最美党员、最美村干部（网格员、保洁员）最美家庭最美儿媳（公婆、女儿）等。将积分得分与评先表模挂钩，“五星党员”“十星级文明户”“卫生清洁户”等授牌必须是积分高于平均分的农户，向上级申报的各类“道德模范”“劳动模范”“创业模范”和先进典型等也必须是参与积分制管理的先进代表。开展积分兑换活动，积分兑换可以兑换服务，也可兑换物质，兑换方式根据不同积分主体、不同积分内容、不同时间阶段进行分类排名分类兑换奖励，具体实施细则根据村集体收入情况制定具体奖励办法和标准。被评选为最美典型代表的，均给予一定的奖励。

二、制度落实

一个卓有成效的制度体系，离不开前期因地制宜、审慎合理的设计安排，更离不开后期的贯彻落实。如果说制度设计是实践活动得以展开的前提和保障，那么制度的贯彻落实则是实践活动的最终旨归。因此贯彻落实乡村治理积分管理制度要做到以下几点。

（一）围绕治理主体，搭建参与平台

社区居（村）民、党员、家庭、社区（村）工作人员和单位（辖区所属单位、社团）等集体和个人，是基层社会治理的主体，只有充分引导、依靠他们，最终才能形成共建共治共享的工作格局。为此，依托网格化社会管理平台，开发设计陈家坝村乡村治理积分制管理软件，并为不同类型的主体设置不同的个性积分目录，使其比学赶超有目标、分类激励有依据、实现社会价值有平台。

（二）围绕治理客体，创新引导目录

乡村治理客体就是由于社会发展而产生的各种社会问题。当前，基层社会治理的主要问题是基层治理“难”、基层工作“累”、基层村民“冷”。为了解决这些问题，陈家坝村从引导村民发挥正能量作用入手，在践行社会主义核心价值观，弘扬社会公德、职业道德、家庭美德和个人品德，参与维护社会治安秩序，参加生态城市、环保模范城市、卫生城市、文明城市等方面，创新细化了四大类正能量行为目录，鼓励村民从小事做起、从点滴做起，引导村民树立正确的价值观、人生观。

（三）围绕治理载体，创新管理办法

积分制管理主要是用奖分对人的能力及综合表现进行量化考核，充分调动治理主体积极性，打造社会治理“人人有责、人人尽责”的命运共同体，其目标导向开放、操作办法简单、结果运用灵活、奖励程序公正、管理成本可控，契合基层社会治理实际。为此，陈家坝村将其引入基层社会治理，作为创新项目进行了试点。通过试点，在软件开发、平台应用、积分主体、积分类别、分值标准、结果运用等方面进行了规范和创新，使其形成了一套较为完整的管理办法。

（四）围绕村民需求，整合多种资源

资源整合是乡村治理的内在要求。因而，陈家坝村积极整合治理力量，成立由村民代表、志愿者、村落干部、网格员、驻村片警等组成的积分制工作小组，强化组织推动。同时，整合资金资源、智力资源、公共服务资源、市场资源，为积分制管理工作提供有力保障。根据村民的共同需求，大力扶持和培育互助类、公益类、服务类等社会组织，切实发挥各类社会组织在社会管理服务中的自管自治作用。

（五）围绕责任主体，强化奖惩举措

奖惩是乡村治理积分制管理的核心和关键。为此，陈家坝村各地分时段、分类别、分区域召开“积分分享”会议，对积分较多村民在大会上进行表彰奖励，有效撬动村民参与乡村治理积分的积极性。同时，为强化组织领导，各地还将积分制管理纳入干部履职尽责、综治、考评内容，对工作推进情况实现一月一统计、一月一通报。

第三节 陈家坝村积分制管理的实践探索

陈家坝村通过以村民积分为基础，开展“积分制+党员”“积分制+村干部（网格员、保洁员）”“积分制+美丽家庭”“积分制+好儿媳（公婆、女儿）”等活动，提升民主管理水平，积分催生动力，立标激发争先，开创了一条具有特色的乡村治理之路。总的来说，陈家坝村积分制乡村自治涉及党建、精准扶贫、家风建设、环境设施建管、公共事务、安全生产及综治维稳、道德关爱、妇女工作八个方面，致力于打造小村落大能量村落志愿联盟。

一、“党建类”积分管理

党的十九大报告提出了从严管理党员的新要求。农村党员管理始终是“老大难”问题。近年来，陈家坝村积极探索党员管理新方法，积极推行积分制管理，按照“分类积分、量化考核、奖优罚劣”的方法，规范组织生活，实现党员日常管理的精细化、科学化、规范化，让党员评先评优有据可依，有效破解了流动党员管理难问题，充分发挥了党员的模范引领作用。整体而言，陈家坝村以积分制为抓手严管党员的具体做法如下。

（一）分类积分

积分内容分为四类：基本要求类、发挥作用加分类、违纪违法扣分类、“一票否决”类。基本要求类：按照党章对党员的底线要求，能够按时参加“三会一课”、按时缴纳党费等，每次分别计 1~2 分。发挥作用加分类：按党章要求，同自身实际结合，党员发挥作用加分，分若干大项，如按岗履责、文明创建、维护稳定、致富带富、见义勇为等，根据情况分别加 5~10 分。违纪违法扣分类：党员在工作生活中违反纪律，如参加赌博、迷信活动，参与或支持非法上访、越级上访，非议党以及因其他情况受到党纪处分的，依据违法违纪不同情况分别扣 10~30 分。“一票否决”类：如受到刑事处罚，连续六个月无正当理由不参加组织生活、不缴纳党费等，一律定为不合格党员。

（二）规范考评

抓好四个关键环节。一是每月末的加分与扣分，实行党员自报与支部登记相结合，最后由党员大会通过。二是每季度末对积分排名靠前的党员由乡镇党委或村级组织进行表彰；对排名靠后的由乡镇党委进行“提示”。三是每半年进行一次考评，对优秀党员进行奖励，对后进党员进行帮教。四是每年末进行一次总评，对优秀党员，由县、乡、村分别表彰，对不合格党员由乡镇党委进行处置。

可以说，陈家坝村以积分制为抓手严管党员以来，党员的精神面貌发生了重大变化。一是唤醒了党员意识。无论是青壮年党员、老年党员、流动党员，无论从事何种职业，都知道自己的第一身份是党员。二是重塑了党员形象。通过积分制管理，激发了党员积极性，党员发挥模范作用的自觉性进一步提升。三是增强了党支部战斗力。党员作用的充分发挥，获得了广大村民认可，党群干群关系进一步密切。四是解决了流动党员管理难问题。流动党员主动同党组织联系，自觉接受党员村民监督，自觉发挥模范作用。可以说，以积分制严管党员的做法，既符合中央全面从严治党的新要求，也是新时代严管党员的制度创新，其经验值得肯定与推广。

二、“精准扶贫类”积分管理

为了巩固脱贫成果，实现精准扶贫，激发贫困户内生动力，助力脱贫攻坚。近年来，陈家坝村创新性地推出了《激励精准贫困户勤劳致富积分制考核办法》，探索“积分+激励”的精准脱贫致富路径，明确贫困户积分管理制度，强化贫困户的管理，让扶贫工作走向了笔直的“快车道”。总的来说，“积分+激励”的精准扶贫积分制立足于巩固扶贫成果和扶贫先扶志，改变个别精准贫困户等、靠、要等依赖思想，让贫困村民思想上“热”起来，行动上“动”起来，树立勤劳致富的理念，养成健康卫生习惯，确保全村精准贫困户持续越贫，永久脱贫。

具体来说，陈家坝村“积分+激励”的考核办法由日常考核、民主评议、加分项和否决项组成。日常考核包括生产发展（外出务工）、环境卫生两项；民主评议包括精准贫困户需接受周边邻里的评议和村、组、帮扶干部的评议；加分项包括贫困户在自身发展过程中，能带动周边贫困户致富或受到村、镇以上表彰的，如获评“星级文明户”“示范户”并知晓国家扶贫政策等。也就是说，将贫困户思想道德品质、卫生环境、对帮扶政策了解程度、参与公益服务等进行量化评分，其中贫困户是否积极主动发展生产的分值最高（表6-1）。

表6-1　陈家坝村精准扶贫类积分管理标准

序号	积分类型	积分标准
1	贫困户勤劳脱贫，自力更生，不等、靠、要，荣获脱贫示范户	30分
2	贫困户脱贫增收措施明确，按期或提前积极脱贫的	10分
3	贫困户积极参与精准识别贫困户、低保等工作，确保卡内无假贫，卡外无真贫	2分
4	贫困户积极参加公益社团并积极参加公益服务	5分
5	积极参与为贫困家庭孩子留守儿童捐赠学习用具、生活用品等（每次）	5分
6	结对帮扶贫困户一户，积极帮扶贫困户脱贫	10分

否决项包括有义务教育阶段辍学子女和有涉及参与黄赌毒、盗抢骗等违法行为。另外，“积分+激励”考核分为月抽查、季度全覆盖督查、半年初评和年底考核验收四个阶段来进行，积分达到60分的，按10元/分给予奖励。在村内开展树榜样活动，广泛宣传积极主动脱贫的典型人物、事迹，让村内的贫困户学有榜样、干有目标，逐步形成争先创优的氛围；60分以下则不给予奖励，给予曝光并在村民代表大会上进行通报批评。并开展低分贫困户帮扶实施举措，增派村社干部作为帮扶力量，对准低分贫困户存在的问题，制定“一户一策”，实施精准帮扶，确保低分贫困户尽快达到70分以上。

三、“家风民风类”积分管理

近年来，通过扎实开展“培育良好家风”积分制度，进一步培育好家风、弘扬贤孝文化，传递向上向善正能量，在全村逐渐形成了良好的“家风、民风、村风”。陈家坝村创新家风民风建设方式，以引导村民参与民风建设为抓手，建立“民风积分制度”，坚持以“道德评议”“民风评议”为载体，传承优秀家风、村规民约，引导村民自觉遵规守约、遵纪守法，传播社会正能量，有效整合各类资源，搭建奖励激励平台。可以说，“民风积分制度”能够消除、改变当前少数村民“等靠要”的思想倾向、进一步改善“脏乱差”的农村环境、纠正“缠闹访”的社会风气。

而围绕“民风积分制度”，陈家坝村探索制定了以下五项措施：一是科学制定村规民约以及积分评定标准细则。即开始实行家庭道德积分制管理，建立以家庭为单位的道德银行积分兑换机制，分别从村风民俗、户籍管理、邻里关系、孝老爱亲、社会治安和公益事业等方面对村民进行行为约束和道德规范，倡导村民树立乡村文明新风尚。确定了家庭美德实践、家庭素质提升、家庭生活艺术、家庭关爱服务、邻里公益服务等积分内容，并将陪父母旅游、体检、做家务、讲诚信、参加民风培训、做好事、传播正能量、立家规等细化成不同的积分标准（表6-2）。二是合理设置积分制度。对村规民约包含的六个方面进行逐条细分，每条规定都确定相应的分值，另外，设置了额外加分项，个人或家庭表现突出能对村里做出一定贡献的以及能对村里出现的违反村规民约现象进行举报的给予相应加分。以户为单位进行积分管理，规定90分以上为优秀，80~90分为合格，80分以下为差。三是依据积分制度，积极开展“十星级文明户”创建评选活动。“十星级文明户”创建包括道德星、法纪星、计生星、致富星、诚信星、新风星、公益星、科教星、文体星、生态星。活动以户为基本单位，印发“十星级文明户”标准，广泛宣传，发动村里百姓积极参与创建评选活动。通过村两委全体成员点评，村民代表公开投票，评选出全村“十星级文明户”。同时，该村还结合“好媳妇”“五好家庭”等类的评选活动，大力倡导文明、健康、友爱的“好家风”。通过树立先进典型，引导村民用实实在在的行动培育践行好家风，用好家风教育子女。四是明确奖惩促进乡风文明。为保证村规民约不走形式、不走过场，制定了奖惩办法。对年终积分为优秀的家庭，优先考虑来年给予国家相关惠民政策倾斜，优先考虑列入入党积极分子培养对象，优先考虑“五星级文明户”“康福家示范户”“平安家庭”等评定。对积分为差的家庭，进行批评教育，并在办理个人事项、享受政策方面设定了门槛。在年终对表现突出，积分超过 100 分的家庭进行表彰，并给予一定的物质奖励。

表 6-2 陈家坝村家风民风类积分管理标准

序号	积分类型	积分细则
1	崇尚礼、信、孝、善、勤、俭、忠，每项	2 分
2	传家训、立家规、正家风、淳民风效果显著	5 分
3	每年选择适当旅游项目陪同父母外出观光，县内一次	2 分
4	每年选择适当旅游项目陪同父母外出观光，省内一次	3 分
5	每年选择适当旅游项目陪同父母外出观光，省外一次	5 分
6	每年带父母到正规大医院做身体检查的（提供体检证明）	3 分
7	荣获“孝老爱亲”称号一年的	10 分
8	荣获“孝老爱亲”称号二年的	25 分
9	荣获“孝老爱亲”称号三年的	50 分
10	提供家风故事，且事迹真实，并有文稿提供的一次	5 分
11	在网上或其他媒体宣传本村好人好事，传播正能量信息的，每次	2 分
12	节假日期间陪父母团聚，并帮父母做家务农活等	2 分
13	制止或劝阻家暴现象一次	3 分
14	拾到财物主动上交或归还失主的一次	3 分
15	讲诚信、主动偿还村集体、银行、他人债务的	2 分
16	积极参加父母课堂、亲子教育、村民教育、幸福家庭宣讲、健康教育等学习培训，各次	2 分

四、“环境设施建管类”积分管理

村民卫生习惯不好，村里脏、乱、差现象普遍等问题如何破？为切实改善农村居住环境，近年来，陈家坝村广泛开展农村居住环境卫生整治工作，努力推行“环境设施建管积分制”奖惩制度，使得环境卫生大为改观，为居住环境整治工作探索出了可推广、易复制的经验做法，提升了村民的文明素养，改善了村民生产生活的环境质量。可以说，陈家坝村在村容村貌整治及乡风文明建设中，充分调动村民的主观能动性，让村民参与到村环境以及家庭环境卫生大扫除中。通过创新工作方法，有效促进了“三清洁”工作的落实，使当地村容户貌发生了较大改观。具体来说，包括如下举措。

（1）党建引领，创新方法出实招。陈家坝村按照“党建带村民、村民服务党建”的原则，以党的建设带动村民组织建设，进一步增强村民组织的创造力、凝聚力和战斗力，充分发挥村民在夺取全面建设小康社会新胜利和建设繁荣、民主、文明、和谐社会主义新农村建设中的重要作用。在村容村貌整治及乡风文明建设中，充分调动发挥村民的主观能动性，以村民为主做好家庭清洁，治理乱放、乱堆、乱倒等陋习，养成良好的日常生活习惯。通过从点滴卫生习惯养成抓起，改变农村脏、乱、差面貌，逐步提升生活的品质。

（2）积分管理，推动村民自我治理。在环境卫生整治方面实行“卫生积分制”奖惩办法，由党员、村民组长、人大代表、村民等组成检查组，每周一定期开展检查评比。最后，根据检查评比情况公示结果，在每次评选中获得差的要求立即整改，如整改不合格将启动村规民约机制；而获得评比前五名的农户，发给面值 10 元代金券一张作为奖励，村民可用代金券到指定的超市兑换相应的生活物资。其具体积分细则标准如下。

表 6-3　陈家坝村环境设施建管类积分管理标准

序号	积分类型	积分细则
1	清扫公路每 100 米	2 分
2	清理路边杂草每小时	3 分
3	清理沟渠垃圾每小时	3 分
4	处理卫生死角一处	2 分

续　表

序号	积分类型	积分细则
5	清理清除牛皮癣小广告每小时	2分
6	清洗公共垃圾桶一个	1分
7	监督举报乱挖滥采行为一次	3分
8	监督举报乱贴小广告一次	1分
9	举报违章建筑、超面积建筑、乱搭乱建每次	3分
10	举报乱倒建筑垃圾一次（提供乱倒车辆牌照或者户主）	5分
11	宣传和劝导环境卫生一次	1分
12	宣传禁止秸秆焚烧	1分
13	主动制止秸秆焚烧一次	3分
14	参与村内公益事业义务劳动的每个工作日	20分
15	积极参与村内举办的各类会议及宣传活动一次	2分
16	积极参与平安城市、生态文明村、文明创建等活动	2分
17	荣获“清洁之家”称号	20分
18	积极支持配合征地、移民、基建等工作	10分
19	积极参加村内其他建设活动	积1分、3分、5分

另外，《陈家坝村人居环境治理积分管理办法》规定，全员参与，以户为单位，每户基础积分为10分/月，即每年为120分的基础积分。每月考核2次，考核小组根据设定的考核记录表，对本小组考核目标网格的住户进行逐户考核；根据住户环境卫生整治情况逐一打分，做得好的住户，在当月满10分的基础上，可酌情给予3~5分的奖励，做得不到位的住户，除在对应项目酌情扣分外，由考核小组当面指出不足，并提出整改意见，每次考核的分数由当事人签名认可，每月2次考核的平均分，为该户当月的考核得分。每户的年终得分为12个月得分的总和，超过150分的家庭，次年免收垃圾清运费（60元/年）；120~150分的家庭，次年免收一半的垃圾清运费；100~120分的家庭，次年免收20%的垃圾清运费；90~120分的家庭，加收20%的垃圾清运费；60~90分的家庭，加收50%的垃圾清运费；低于60分的家庭，按2倍收取垃圾清运费。村合作社经营产生盈余，按户兑现“普惠股”分红时，按全村的积分进行套算，积分越高，其所得“普惠股”分红就越多。

（3）以奖促优，人居环境得提升。陈家坝村“清洁家园巾帼示范户”

评比活动采取积分管理、积分奖励兑换生活用品的方式，推动户容户貌不断改善。如每月对农户“门前三包”进行考核，按“最清洁、清洁、不清洁”3个层次打分，最高积10分，考核内容涉及家禽圈养、污水处理、乱搭乱建、乱堆乱放、滥砍滥伐乱挖、室内院内干净整齐、垃圾是否分类收集等。其中，每月得分最高的用户另外奖励10分，一年考核连续达到12次“最清洁”，另外一次性奖励积分120分。积分每季度兑换一次，积分分数包含家庭环境卫生评比积分和参加集体公益活动积分两项之和，每季度由村妇代会主任对卫生检查评比结果和参加公益活动进行汇总并在村内显要位置进行公示。同时购买用于兑换的生活用品，及时召开村民会，让村民根据积分自选生活用品，并对年度总积分排名的前三名，对积分进步较快的家庭，由村党总支予以表彰奖励，让户容户貌评比工作在公开、公平、阳光下运行，让村民自觉自愿接受，切实形成“大事一起干、好坏大家评、事事有人管”的乡村治理新格局，全面提升人居环境。

五、“公共事务类”积分管理

为了创新乡村治理，倡导和鼓励村民积极参与乡村公共事务，大力培育和践行社会主义核心价值观，倡导乡风文明，提升乡村治理村民参与水平，陈家坝村积极推行村民参与公共事务积分制管理办法，鼓励村民积极参与村级公共事务，创新村民参与乡村治理体系，激活农村发展内生动力，推动形成组织动员有力量、村民参与有意愿、乡村治理有成效的良好局面。具体实践经验如下。

（1）抓住关键问题，探索改进方向。党的十九大对加强基层治理、团结动员村民提出了新要求。在基层治理实践中，如何动员村民共同参与乡村治理、热心乡村公益活动是一个重要课题。特别是义务工取消后，部分村民对村级事务“事不关己、高高挂起”，对公益事业“无人干、不愿干”，“等靠要”思想严重。村委会把如何调动干部村民的积极性作为研究课题，提出以激励型、制度化的积分奖励来解决普惠照顾难以形成激励的问题。采取“参与有积分，积分换商品”模式，调动村民参与公益活动的热情。采取村民小组长初步评分、党支部审核赋分的办法，使村组干部在组织动员村民参与公益活动上有了强有力的抓手。

（2）制定积分办法，形成鲜明导向。为了确保积分管理办法务实、管用、有效，陈家坝村细化党员村民权利义务，村干部在广泛征求村民意见的基础上，制定《村民参与公共事务表现积分评定细则》，从零开始累计分数，设立加分项，总分不设上限。积分内容对为村治理献计献策、参加文化艺术活动、参与公益志愿活动、带领乡亲邻里致富、创新创业、参与社会治理等六大类进行详细说明，引导村民树立起对村级事务的责任、家庭的责任、自我发展的责任、社会稳定的责任。为了更好树立导向，在每个项目的赋分上，又根据项目的重要性、劳动的强度等因素给予2分、3分、20分等不同的分值权重。通过项目的设定、分值的赋予，引导村民参与更积极、更具正能量的活动，形成鲜明导向。年底根据积分情况，确定排名。

（3）筹办爱心超市，尊重村民意向。为使积分所兑换的商品符合村民日常需求，村委会通过召开村民代表座谈会、发放调查问卷等方式，征集村干部和村民最希望兑换到的商品。经认真梳理汇总，反复询价、比价，确定物品采购清单，为村民采购一批物美价廉的商品。在物品种类上，小到铅笔、橡皮、笔记本，大到家用的米、面、油和电饭锅，乃至生产用的铁锹、锄头等一应俱全，尤其注重采购牙膏、牙刷、毛巾、香皂、洗洁精等生活必需品，引领健康文明生活方式。制作印发积分券，村民通过参与公益活动攒积分、领积分券，每周一上午凭积分券到“爱心超市”兑换物品。

（4）奖罚分明，激发良性“攀比”。以月公示表和积分卡分值为依据，村两委每年在信用户的基础上按照积分排名高低每村推荐10户村民，享受县信用社“风范之星”贷款产品，贷款上限5万元。前5户村民为A级户，贷款利率在信用户的基础上下浮10%，后5户村民为B级户，贷款利率在信用户的基础上下浮5%。村民参与公共事务积分情况与低保、养老保险等资金发放挂钩，年度分值达到230分以上，在享受惠民优惠政策方面，对符合条件的，由高积分到低积分择优选择；年度积分低于175分的，列入惠民优惠政策“黑名单”，不享受任何惠民优惠政策，并安排村两委班子成员一对一进行教育引导。同时，每月对现实表现差、积分排名靠后的村民进行批评教育，并根据积分情况，给予他们书面检讨，取消享受有关优惠政策或村委会暂缓为其办理各类手续等处罚。

（5）公示公开，增强组织活力。发放积分管理家庭积分卡、村民参与公共事务积分制管理公示表。村干部入户讲解、发放积分制管理办法宣传单，使村民熟知“参与有积分、积分有奖励”。村两委登记管理家庭积分卡，人手一册、一人一档、一事一记，及时、准确记录村民积分情况。同时，村两委推出“积分榜单”，充分运用电子显示屏、公开栏、手机短信、村级大喇叭等载体，将村民积分结果和排名情况进行公示。激发农户之间的良性“攀比”，增强村民主人翁意识。

（6）积极宣传引导，形成良好风尚。为进一步把村民的热情调动起来，使参与公益志愿活动蔚然成风，村两委召开全体村民大会，详细介绍积分管理办法，并积极动员村民参与志愿活动。印发积分办法、兑换办法宣传单，并发放到家家户户，同时在村委会、各村民小组公示栏张贴公示。组织村民现场参观“爱心超市”，让村民切身感受到可兑换商品的吸引力。在参观“爱心超市”后，村民们在赞叹超市物品之丰富的同时，纷纷表示，以后一定多多参加村里的公益活动，多多支持村级事务，争取攒更多的积分，换更多的物品。

以上创新方法既让热心村民通过参与社会服务与管理获得社会的认可，也让社会组织通过让利的方式回报社会，在热心村民和热心社会组织之间架起一座沟通的桥梁，实现“一张卡片，三方共赢”的互惠局面，完善了“党委领导、政府负责、社会协同、公众参与”的社会治理格局。

表 6-4　陈家坝村公共事务类积分管理标准

序号	积分类型	积分细则
1	为村治理建言献策，提供好的意见和建议一次	2 分
2	积极参与民间文化艺术活动每次	3 分
3	积极参与村各类公益志愿服务活动每次	3 分
4	领办各类新型经营主体，带领乡亲邻里致富，获得上级部门认可的	20 分
5	创新创业成功并获得县市级以上相关部门认可的	20 分
6	积极参加社会治安、新农合、新农保、小额人身保险等各积分	2 分

六、“安全生产、综治维稳类”积分管理

为切实加强和创新陈家坝村乡村治理，完善乡村生产、治安管理体系，陈家坝在全村范围内全面启动村民安全生产、综治维稳的积分制管理工作，倡议村民从身边小事做起，积极营造“安全生产、和谐共处”的乡村风尚。

安全生产、综治维稳积分制管理，加分、扣分以村民个人为实施单位，惩处、奖励以个人或家庭户人员年度叠加计算，家庭户、个人积分以 60 分为基数分，加分与扣分可相抵，积分按年度叠加计算。村民年度叠加高于基

数分的从低到高有 8 项奖励，低于基数分的依次给予 17 项惩处。具体来说，加分项目包括：积极参与各类突发事故救援、制止违法犯罪行为、参与矛盾纠纷化解、参与社会治安义务巡逻、积极协助追捕嫌疑犯或者提供重要线索、上报安全隐患、制止或举报燃放烟花爆竹行为、制止或举报制造传播谣言信息、制止未成年人在网吧上网行为、制止并举报坑蒙拐骗行为、制止或举报邪教人员聚会和传教活动等。具体实施细则如下。

表 6-5　陈家坝村安全生产、综治积分管理标准

序号	积累类型	积分细则
1	积极参与各类突发事故救援	5 分/次
2	制止危害国家安全、公共安全或者扰乱公共秩序的违法犯罪行为	30 分
3	制止正在侵害他人人身安全或者国家、集体、他人财产安全的违法犯罪行为	30 分
4	为保护国家、集体财产或者他人人身、财产安全，实施抢救、救灾、救人	30 分
5	积极协助追捕嫌疑犯或者提供重要线索，侦破重大刑事案件	30 分
6	参与矛盾纠纷化解积 5 分，成功调解矛盾纠纷	10 分/次
7	参与社会治安义务巡逻	2 分/次
8	宣传平安建设、治安防范知识	2 分/次
9	上报安全隐患、突发重大事件、矛盾纠纷、不稳定因素信息	2 分
10	提供非法集资、传销窝点、邪教聚集点、各类诈骗信息	2 分/项
11	制止、举报燃放烟花爆竹行为	积 2 分、1 分
12	制止或举报吸毒、赌博等违法犯罪行为	积 3 分、2 分
13	制止、举报制造传播谣言信息	积 2 分、1 分
14	制止未成年人在网吧上网	3 分
15	制止并举报坑蒙拐骗行为	3 分
16	制止、举报邪教人员聚会和传教活动	积 5 分、2 分
17	协助帮教转化 1 名邪教人员	10 分
18	举报违章驾驶、非法营运、超载营运车辆的	5 分
19	其他维护社会治安类行为	积 1 分、3 分、5 分

通过村民综治维稳积分制管理，进一步规范村民行为，提升村民素质；进一步完善管理信息互通平台，实现公共资源合理分配；进一步维护乡村社会秩序，规范乡村社会建设。

七、“妇女工作类”积分管理

为了调动和激发广大妇女的积极性，陈家坝村积极推行“妇女工作类”积分管理制度，以妇女村民需求为导向，通过设标准、定措施、重激励，激发妇女参与各项事务的获得感和荣誉感。具体内容包括如下几方面。

（1）明确标准。为让积分制管理办法更“接地气”，便于操作，陈家坝村广泛征求意见，征集符合妇女工作实际、有妇女工作特色的积分管理条款；通过村两委干部座谈，取得村两委支持；深入走访各村妇代会代表和部分农村妇女，征求她们的意见，绝大多数受访者都赞同建立奖罚机制，打破“做好做坏一个样，做多做少一个样”的大锅饭形式；同时，积极向镇党委政府汇报，争取领导重视，提供组织保障和经济保障。积分管理以年度为积分周期，实行自行申报、月汇总、季公示、年评比，积分结果作为评选优秀妇女的重要依据。积分采取百分制，基础分为 80 分。基础分主要突出履行职责、发挥模范作用、热心公益活动三个重点，明晰相应分值。每个季度召开一次会议，集体研究本季度积分情况，并将情况公示。年底汇总后，按积分进行排名，排名结果作为奖优罚劣、进入退出机制的重要依据。积分 85 分以上的妇女才能参与该年度评先评优，给予精神和物质鼓励；积分达到 85 分以上未能评为优秀妇女的，进行通报表扬；积分在 70 分以下的通报批评。

（2）奖优罚劣，让做好做坏“不再一样”。评分在基础分上，实行加减。其中，加分项目包括典型事迹推介、家庭矛盾调处、参与义务劳动、结对帮扶留守儿童和孤寡老人、提出有益建议等方面，视情况加分幅度不同。减分项目则包括无故不参加村民会议、履职不力、家庭形象不佳等情况，视情况给予扣分。扣分实行下不保底，如有发布、转载、谣传有损党和国家形象的言论和视频以及参与非法组织的则通报批评。

可以说，“积分管理”的强力护航，既调动了广大妇女的参与热情，也增加了基层妇女组织的活力。

八、“道德关爱类”积分管理

近年来，陈家坝村逐步建立健全“家庭道德积分激励机制”，用积分管理手段，破解了农村治理中的难事，取得了治理体系明显完备、村风民风明显改善、修德行善日渐养成的良好成效。所谓“家庭道德积分激励机制”就是通过对道德量化积分，建立关爱回馈机制，激发村民崇德向善的内生动力，引导村民讲道德、尊道德、守道德，积极构建法治、德治、自治相融合的基层社会治理模式，推动文明风尚蔚然成风，推动“志智双扶”落地生根。主要做法主要包括如下几方面。

（1）开展“十个好”定期评比活动。采取自上而下、自下而上的方式，制定了“遵纪守法好、孝敬老人好、子女教育好、家庭和睦好、邻里关系好、环境卫生好、生活习惯好、志愿服务好、勤劳节俭好、自强发展好”的“十个好”评比标准。成立由镇驻村工作组、村组干部、党员和村民代表组成的评比小组，同时，聘请公道正派、威信较高的老党员、老干部和“两代表、一委员”担任评议员，对照“十个好”评比标准，每个季度对各家各户的道德行为表现开展一次检查评比。

（2）开展“十颗星”量化积分活动。根据“十个好”评比结果，按照“一好一星、多好多星、十好十星”的办法评星、授星，再按照“一星一分”的方式折合成家庭道德积分，分季度为每个家庭建立道德积分台账，年度积分汇总作为评优奖励的主要依据。凡在“五户五好”评选活动中获评“五户”荣誉称号的，给每户加1分；凡获评“五好”荣誉称号的，按人均0.5分的标准计入家庭道德积分。在其他家庭道德建设评比活动中获奖的，分别按镇、县、市、省、国家级各加1、2、3、4、5分。

（3）开展“两公示”积分亮晒活动。“两公示”即季度积分公示和年度积分公示。在每个季度开展“十个好”定期评比、“十颗星”量化积分活动后，于次月5日前，将每个农户家庭的量化积分情况，分村民小组通过村务公开栏、组务公开栏等多种形式进行全面公示，年终将4个季度的量化积分情况进行汇总公示。

（4）建立家庭道德积分激励机制。在征求村民意愿的基础上，按照年度积分的不同分值，分档分类设置了实物或者服务奖励，农户对照年度积分，选择实物奖励或服务奖励。同时，建立了家庭道德积分参与集体经济分红的长效激励机制，采取村民“一事一议”或集体经济组织股东大会的办法建章立制，提取10%的集体经济收益，设立家庭道德积分激励专项基金，用于采购奖品，表扬奖励道德积分优秀家庭。

可以说，建立村民家庭道德积分激励机制，从制度层面着手，引入经济手段，将抽象的家庭道德规范通过积分的方式，转变成具体、客观、量化的评价标准，变“定性为主”为“定性与定量相结合”，积分与评先、奖励挂钩，激发村民既自立自强、勤劳致富、光荣脱贫又崇德守德、向上向善、奉献社会。同时，建立家庭道德积分激励机制，也促进了乡村的规范化治理，也有效培养了广大村民忠于职守、爱岗敬业、乐于奉献、诚实守信、办事公道、服务村民、团结协作的家庭道德素质，大大激发了村民自强发展、乐于奉献的精神。

第四节　陈家坝村乡村治理积分制实践总结

陈家坝村推行的村民自治积分制管理制度，是其在长期的乡村自治实践中，秉持“自我教育、自我调节、自我约束、自我服务和自我发展”理念，逐步探索出来的一条卓有成效、可复制的基层治理新路。因此，认真总结、全面反思陈家坝村乡村治理积分制的实践经验对当前的基层自治有着极高的参考借鉴价值。

一、问题与困惑

经前期实践，在探索积累成功经验的同时，也发现陈家坝村推行乡村治理积分制管理中尚存在一些问题和困惑，需要在以后的实践中进一步探索解决。

（1）居民参与面不广。相对比之前，村民参与热情有所提升。但整体而言，参与积分的热情仍然不高，持观望态度者较多。如何有效调动居民积极性，让更多的居民参与进来，让更多居民行动起来，真正做到人人参与积分，个个争做优秀居民，需要在以后的实践中认真探索。

（2）科学制定积分兑换内容难度较大。乡村治理积分制管理尚处于探索阶段，积分兑换内容缺乏可供参考借鉴的经验和标准，各地区积分兑换内容差别较大。因而，在全面开展乡村治理积分制管理的过程中，尤其是在实施方案中要基本明确和统一积分兑换内容及标准，如何制定科学规范统一又契合村民实际，且能有效调动村民积极性的积分兑换内容，需要进一步研究解决。

（3）积分成绩运用中资源链接不够。目前，积分成果运用主要偏于物质激励。但村民的需求是多层次的，既有物质层面，也有精神层面，还有服务需求等方面。如何真正满足不同需求层面的居民，从而形成有效的激励机制，需要进一步思考。另外，资源挖掘不够，未能形成完整有序的资源链接机制。

二、经验与启示

陈家坝村适应社会新要求，抓住乡村治理这一“老大难”问题，迎难而上，勇于探索，经过几年实践，取得显著成效，为我们探索乡村治理提供了经验与启示。其经验启示可以总结为以下几方面。

（一）实践经验

（1）强化领导，保障到位。该村成立村民积分制管理领导小组，下设网格小组，各村落小组长为网格小组长，负责对辖区村民积分制情况进行考核打分，村民积分制管理领导小组每季度组织召开村民大会对打分情况进行审核并公示；为进一步实施好村民积分管理工作，该村成立了由监委会和村民代表组成的积分管理监督小组，具体监督此项工作开展。每季度最后一个月15日由各网格小组将得分情况收集汇总至积分管理领导小组，并组织召开村民大会进行评比，经公示无异议后，实行积分兑现实物奖品，每季度兑奖后积分清零再次评比，并对全年有两个季度为四星级以上文明家庭进行现金奖励。

（2）科学设置，分类积分。村两委组织各网格小组，对考评对象实行基础积分和贡献积分两大类评分，基础积分涵盖勤劳致富、孝老爱幼、脱贫争先、诚实守信、爱护卫生等10个方面，分值100分；贡献积分涵盖见义勇为等3个方面，为20分加分项。季度考评得分60分以上的家庭为合格，根据积分，分为五个星级。季度考评得分60分以下的家庭，不能参与文明家庭评选，不能享受积分兑换。积分考评以户为单位，实行一户一档，建立统一的村民积分台账，以1个季度为1个评比周期，即时计分。截至目前，已评比出一星家庭20户，二星家庭15户，三星家庭10户，四星家庭5户，五星家庭5户，并对星级家庭进行了生活物品实物奖励，有力激发该村村民

“追赶超”的活力。

（3）公开透明，保障实效。陈家坝村将积分制管理在科学分类的基础上，明确分类标准，划定积分分值，实行量化管理，以年度为积分周期，采取自行申报、月汇总、季公示、年评比的方式，每季度召开一次会议，集中研究本季度的积分情况，并通过季度积分公示、年度积分公示晾晒活动，将积分情况在村务公开栏、组务公开栏等地方全面公示，公示期间有任何异议，村民可向村廉勤委、镇纪委反映，村廉勤委、镇纪委及时调查核实、反馈调查结果并备案，经公示无异后，颁发相应的奖惩举措，这既保障了积分评比的公开性、规范性、真实性，又调动了村民参与村务监督管理的主动性、积极性。

（二）实践启示

（1）宜试点先行，不宜一哄而上。陈家坝村将积分制管理引入社区（村）社会治理，从概念引入、局部试点到总结提升、全面推广，前后经历了一个较长的过程，才基本形成一套可复制、可借鉴、可推广的经验做法，为全面推广打下了坚实基础。实践证明，改革既要重点突破，也要循序渐进，采取试点示范、由点及面是一个有效方法。在全面推广中，各地也应结合本地实际，分阶段、分步骤逐步扩大试点范围。

（2）宜量身施策，不宜照搬照套。任何一项改革措施，都没有现成的模式可以现抄现用，即便是已经有了较为成熟的外地经验，在本地推行中也有个磨合适应的过程。陈家坝村经过探索，形成了自己的特色做法，为后来者提供了可以借鉴的“样本”。但值得注意的是，对社会治理领域的改革而言，试点地区尤其是农村地区，在资源禀赋、经济发展、社会状况、风俗文化以及基层组织治理能力方面，都存在较大的差异，任何照搬照套的改革方式都可能行不通。比如，在经济发展比较好的村，对因好人好事获得的积分，可以购买生活用品进行奖励，但不适合“家底薄”的村。在城郊村可凭“书香家庭”“腰鼓队”等活动获得积分，但这不适合以留守老人和儿童为主要群体的偏远乡村。

（3）宜精细设计，不宜大而化之。基层社会治理积分制管理无疑是一项社会“细胞工程”，在制度体系的设计上必须紧紧结合当地实际，做到细而又细，实而又实，实行精细化、精准化管理。精细精准，主要体现在积分项目设计的三个方面：一是紧扣中心。村级积分项目应紧贴市、县（市、区）、乡（镇、街道）中心工作，重点围绕促进发展、精神文明、生态文明、平安创建、遵纪守法、移风易俗等方面进行设计，唱响主旋律、弘扬正能量，不能偏离中心“眉毛胡子一把抓”。二是问题导向。项目设计着眼于解决本村在社会治理方面亟须解决的实际问题。比如，环境脏乱差、邻里不和睦、治安隐患多、防范邪教压力大等，把最应突出解决的矛盾和问题列入积分项目，并调高分值。三是动态调整。积分项目不是一成不变，根据形势和阶段性工作需要，定期进行调整。

（4）宜精神激励，不宜偏重物质。精神激励和物质激励是两种不同的激励方式，各有长短。精神激励易于让人产生认同感和成就感，激励深度大，维持时间长；物质激励则效果直接，可以更快激发人的积极性，但激励深度浅，维持时间短，而且使用不当会使少数人产生功利思想。农村社会治理积分制管理的对象，主要是村民。随着近年村民生活水平不断提高，在追求物质需求的同时，越来越多的人开始追求精神需求，包括群体认可和社会荣誉。因此，积分激励应坚持精神激励为主、物质激励为辅的原则，且物质激励不宜与金钱奖励直接挂钩。坚持不懈地进行精神激励，有利于在广大农村基层唱响正气歌、弘扬正能量、画好同心圆，激发村民参与积分管理的热情。

（5）宜公开公正，不宜闭门造车。在农村推行积分制管理能否成功，最终由村民说了算。村民的眼睛是雪亮的，如果在管理中夹杂有优亲厚友、暗箱操作等情形，改革就会失去村民的信任，无法推行下去。阳光是最好的防腐剂，监督是最好的信任。在积分制管理实施中，应始终坚持三个公开：一是实施方案公开。在广泛征求村民意见后，对实施方案进行公示，由村民代表大会审议通过。二是评分过程公开。每期积分公布之前，由计分员向村评审委员会汇报，公开讨论后进行公示，无异议后公开结果。三是兑现奖励公开。通过三个公开，确保积分过程公平公正，真正达到以激励先进、鞭策后进的治理效果。

（6）宜协同共治，不宜过多包揽。基层社会治理积分制管理是一项社会系统工程，需要全社会的共同参与。村委会应坚持“总揽”而不“包揽”的原则，更多地扮演“引导者”与“规范者”的角色，在统筹协调、推广经验的同时，注重将积分制管理纳入村民自治管理范畴，发挥村民“自我教育、自我管理、自我监督、自我服务”作用。通过政府以奖代补、购买服务等方式，大力扶持和培育互助类、公益类、服务类等社会组织，充分发挥它们在基层自治中的作用，促进积分制管理在农村扩面提质。

小　结

本章主要对陈家坝村推行积分制管理这一乡村事务量化管理模式进行阐释。首先介绍了一般意义上的积分制在乡村治理中的运用及治理成效。其次具体到研究对象上，介绍了陈家坝村积分制管理制度是如何设计并具体落实的。再次，具体介绍了党建、精准扶贫、家风建设、环境设施管理等不同的乡村治理领域的积分清单与积分制管理方式。最后对陈家坝村的积分制实践进行总结，指出其中存在的问题，并从陈家坝村的积分制管理经验中总结出对我国乡村治理具有普遍性的借鉴和指导意义的经验与启示。通过对积分制管理模式的阐述与总结不难看出，乡村治理的精细化与科学化程度的提高，无疑有助于提高基层农村社区运作的效率和乡村治理的实际效果，有助于提高农民的生活水平与幸福感，有助于打造“幸福村落”。

第七章　乡村自治的外在环境与条件分析

本书从陈家坝村的角度出发论述了其乡村自治模式及要素，包括“幸福村落”创建的背景和历史因素，作为自治载体的村治组织架构和农民自组织，以及作为自治规范的村规民约和积分制激励模式等。“幸福村落”创建活动及其构成要素无疑是陈家坝村基层自治体系的核心要件，这些要素作用的发挥促成了“幸福村落”创建的成功。然而强调陈家坝村的条件和制度安排并不意味着忽略“幸福村落”创建的外部条件，更不意味着陈家坝村“幸福村落”的创建和获得的自治成就与村庄之外的各种治理主体无关。“幸福村落”的创建需要良好的外部环境、充足的保障性条件以及来自政府的政策和项目支持，这些因素不仅是新型乡村自治模式得以建立的必要条件，也是陈家坝村实现持续地、有序地治理的重要基础。“哪些要素和主体在支持和保障一个村的自治和发展”对于农村来说无疑是一个有意义的问题。同时，要使陈家坝村的乡村自治模式为其他地区所借鉴，实现这一自治模式的推广，也需要考虑被推广地区与村庄的外部环境和保障性条件是否与该模式相契合。本章着重分析支持陈家坝村自治模式形成与发展的外在环境与条件，说明这些条件是如何助力“幸福村落”创建的，并讨论其中存在的问题及应对方案。

第一节　乡村自治外在环境条件的内涵与划分

当前关于农村社区治理的研究，特别是以有代表性的典型村庄为例展开的乡村自治模式或经验研究，主要着眼于农村自身的条件、资源、制度安排等内部因素在乡村自治过程中发挥的积极作用，即以村庄自身的资源条件禀赋和制度安排来解释乡村自治取得的成就。[①] 关注乡村本身的因素无疑有助于凸显典型农村社区的优势与亮点，但这不意味着忽略对于乡村自治来说同样重要的外部条件的积极作用，特别是来自各级政府、企业、高校与科研机构、社会组织、相邻村庄以及个人的政策、资金、技术和经验等“人力”“物力”“财力”扶持。正如个人或家庭需要来自亲友、政府、企业、社会团体和组织等方面的物质支持、情感慰藉、日常生活照料等社会支持一样，[②] 一个村庄如果没有这些来自外界的支持，仅凭自身相对有限的条件和较弱的集体经济，往往难以支撑农村社区的自治与发展。此外，典型农村社区的先进自治经验与做法往往需要相应的外部环境和条件作支持才能发挥作用，忽略外部条件差异而生搬硬套地照抄先进经验，往往容易陷入某村的成功经验在其他村庄“水土不服”甚至出现“橘生淮南则为橘，橘生淮北则为枳”的窘境。正如贺雪峰等学者所指出的，乡村治理研究不仅要理解乡村治理的内在基础，还必须理解其外在条件。[③] 这对于本书分析秭归县陈家坝村的“幸福村落”创建活动同样不例外。

一、乡村自治外部环境条件的内涵

要考察乡村自治的外部条件和环境，首先应当理解对于一个村庄而言，“外部条件”具体包含哪些方面、包括哪些内容。孙峰华早在 1994 年就对社区问题的外部影响因素进行研究，将社区问题划分为“社区内因问题”与“社区外因问题”两类，而社区外因问题又按性质的不同被分为“外部自然环境引发的社区问题”和“外部社会环境引发的社区问题”两类，分别对应自然环境与社会环境对社区的影响。[④] 正如孙峰华所指出的那样，每个社区并非是孤立存在的，除了受到社区内部各要素及其要素整合功能的制

① 冷波.“双轨政治”重构与村治结构创新：以湖北省秭归县“幸福村落建设”为例［J］. 中共宁波市委党校学报，2018（3）：96-103.

② 叶闽慎，田北海. 农村孤残老人的社会支持研究：以湖北省汉川市 W 乡的实地调查为例［J］. 江汉论坛，2011（5）：141-144.

③ 贺雪峰，董磊明，陈柏峰. 乡村治理研究的现状与前瞻［J］. 学习与实践，2007（8）：116-126.

④ 孙峰华. 社区问题的内涵和特征及其研究意义［J］. 齐鲁学刊，1994（5）：116-119.

约之外，还与该社区的各种外在因素有比较密切的关系。也就是说，社区外部的各种因素共同构成社区的外部环境，对社区的产生、存在、延续与发展产生不同程度的影响。正因为外部环境对社区治理的影响不容忽视，故积极促使社区与外部环境的良性交流与互动，以有利于社区的发展，是社区治理的一个重要方向。

本文所说的外部条件与环境，既包括对于乡村治理目标的实现有影响的、外在于乡村的现实性条件，也包括乡村可以获得、可资利用的治理资源，也就是外部为乡村社会的良好运行和有效治理提供了什么样的资源及环境。①

二、乡村自治外部环境条件的划分

具体来说，可以按性质的不同将外部环境条件划分为政策支持、法规环境、经济支持和技术支持四个部分。首先，有利于基层自治顺利开展的国家政策支持与适当的政策引导是乡村自治的重要外部条件。通过允许、鼓励村民自主地填补公共空间并为这一过程提供政策指导和支持，重建、扩展农村社区的自治空间，这是让农民真正获得自治权利的重要前提。其次，完善、优良的法律环境和法规体系为乡村自治提供了有力的法律保障。有法可依、依法治村同样是乡村自治不可或缺的前提条件，也是乡村自治的合法性来源。再次，来自政府、企业、社会组织及个人的资金支持是乡村自治必不可少的经济来源。集体经济比较弱小、公共产品与服务的资金来源不足是农村公共事业发展较慢的原因之一，农村的治理与繁荣无疑需要稳定的经济来源，特别是项目制的政府转移支付模式决定了广大农村的运作与发展在一定程度上依赖政府的资金支持。此外，企业、社会组织和个人也能成为农村社区运营发展的资金来源。最后，来自外部的经验、技术等为乡村自治提供了经验与智力支持。这一部分既包括高校、科研院所提供的智力与理论支持，也包括来自其他农村社区成功的治理经验。

在上述四种外部条件与环境中，政策支持为社区治理提供国家与地方政府层面的支持；法规环境则为基层自治提供合法性来源，保障其法律基础；经济支持为社区公共产品和服务提供融资渠道和资金来源；技术支持则为社

① 贺雪峰，董磊明，陈柏峰. 乡村治理研究的现状与前瞻［J］. 学习与实践，2007（8）：116-126.

区治理的治理技术提升提供了必要条件。要实现乡村的自治与善治，上述条件缺一不可，且各条件之间也是相辅相成的关系。陈家坝村乃至整个秭归县的“幸福村落”创建活动，同样是通过各级政府的政策驱动、相关法律法规提供法律保障与约束、经专家指导并借鉴浏河社区和杨岔路社区等地的有益经验、从多种渠道获得社区公共事业所需的资金，从而最终实现农村社区的有效治理与乡村振兴。“幸福村落”创建活动涉及的农村公共生活领域较为广泛，所需投入较一般的项目更多，对于农村的外部环境条件支持的要求自然也就更高。因此，从外部环境的角度出发，考察陈家坝村的新型自治模式的外部环境与条件，从而为我国广大农村的自治实践提供借鉴、参考与启示，具有重要的现实意义。

第二节 “幸福村落”的政策支持

由各级政府提供的政策支持一般被视为农村社区治理最为重要的条件之一①，也是最难被忽视的一类外部环境。“幸福村落”创建工作获得的政策支持主要包括各级政府制定的推动或有利于“幸福村落”创建活动开展及持续运行的一系列政策文件等，由此形成的政策支持对“幸福村落”创建活动和乡村社会治理实践以及农村经济社会发展具有指导作用。“幸福村落”创建工作作为秭归县积极推进的一项系统工程，其顺利开展和持续推进无疑有赖于各级政府的大力推动和支持，由此也形成了各政府部门助力“幸福村落”创建的政策氛围。

一、政策支持的构成

对陈家坝村的“幸福村落”创建工作而言，良好的政策支持一方面意味着在村级自治组织之上有一个基于顶层设计而形成的“幸福村落”创建工作领导体系及其组织架构，这是相关政策得以顺利实施的先决条件和重要载体；另一方面意味着相关政策文件的出台与政策的实施，这是政策支持的

① 姚兴安，聂志平. 外部条件与空巢农户科技吸纳效率的关系研究：一项来源于江西省的调查分析［J］. 沈阳工程学院学报（社会科学版），2017（2）：178-184.

组成部分。在领导体系与组织架构方面，2012 年以来，秭归县委、县政府认真领会和贯彻落实中央、湖北省委省政府的指示精神，针对当前农村社会的新形势，在秭归全县范围内大力开展“幸福村落”建设工作。[①] 为强化政府领导，充分发挥各级政府的引导作用，本着“理顺关系、依法规范、便捷高效”的原则，秭归县对农村治理组织架构进行重新设计与改造，在县和乡镇分别成立“幸福村落”创建工作指导委员会，同时县、乡分别成立由党委书记任组长的“幸福村落”创建工作领导小组，在此基础上由各村成立“幸福村落”创建工作指导委员会。由此形成“幸福村落”创建工作的组织载体，为政策支持的形成提供组织基础。

在政策出台与实施方面，一系列政策文件和规定的出台与政策的落地实施，充实了以“幸福村落”创建工作为代表的基层经济社会治理创新的相关政策安排。在秭归县“幸福村落”创建工作领导小组的指导下，秭归县精神文明办、政法委、民政局、住建局、环保局等有关部门联合制定了《“幸福村落”创建试点工作指南》《“幸福村落”创建规划建设指导大纲》等指导性政策文件及涉及精神文明建设、矛盾纠纷排查调处、环境整治、困难帮扶等各项工作的指导方案。秭归县的各“幸福村落”创建工作试点村在上级政策文件指导下明确了“两长八员”的具体职责，制定了“幸福村落”创建方案和考评办法。[②]

通过上述组织架构的建立和一系列政策手段的实施，秭归县“幸福村落”创建工作的政策支持逐步形成，为村级自治组织及村落的“幸福村落”创建乃至基层治理实践发挥重要的指导和引领作用。

二、政策支持的作用

围绕“幸福村落”构建的政策支持对村级自治组织的自治实践产生的作用体现在多个方面。相关政策有效地促使各村及所属村落的“两长八员”更好地履行治理职能与职责，指导各村在村落层面积极开展经济发展、精神文明建设、困难帮扶、矛盾化解、环境治理等多项工作。

① 湖北省推秭归“幸福村落”现场会在秭归召开［EB/OL］. http：//www. qzmzj. gov. cn/show-39-9418-1. html.

② 黄传喜，宋正荣. 创建“幸福村落”共筑美丽家园［J］. 学习月刊，2013（2）：62-63.

（1）上级政策的制定，指导、促使村级自治组织“幸福村落”创建方案的确定，为村及村落的“幸福村落”创建活动开展提供前提条件。在“幸福村落”创建过程中，秭归全县统一印发《“幸福村落”创建实施方案》《创建工作规程》《村落公益事业议决建管办法》《考核标准》等10多个规范性文件，指导创建工作有序推进。通过县、乡镇、村三级的政策部署和落实，最终确定了村级“幸福村落”创建工作的全面实施方案。这种政策部署和落实机制的运行，一方面保证了“幸福村落”创建活动的发展方向，让这一方向始终处于党和政府的可控范围内，体现了党和政府对乡村社会建设的领导；另一方面也保证了公共事务和公共服务的范围能最大限度地覆盖到农村生活的各个方面，满足村民生活和村落发展的需求。[①] 也就是说，政策支持的作用在村和村落的“幸福村落”创建实践之前就开始显现。

（2）上级政策的出台，核心作用在于指导“幸福村落”创建活动和乡村自治的具体实践。村和村落在各级“幸福村落”创建工作指导委员会的指导下，紧扣“七项任务”[②]、“九个得到”[③] 等工作重点，充分尊重村落群众的意见，与村民共同商议制定了村落内的发展规划。同时，村级自治组织和村落理事会在上级政策的指导下，把村和村落内急需解决而没有解决的问题以及群众关心的热点、难点问题优先纳入村落发展规划和工作计划之中，按“先易后难、先急后缓”的原则尽快付诸实施，着重消除村民的“痛点”，从而做到把“幸福村落”创建的现实要求与村民的期盼有机结合。[④]

（3）相关政策的实施，体现出政府对“幸福村落”创建工作的直接支持。政策支持的作用不仅体现在宏观层面的指导，更体现在政府对村、村落乃至村民的直接的政策和项目支持。在“幸福村落”创建工作中，政府各部门在关乎村民切身利益的扶贫、水利、道路整修、农业生产、社会保障等生产生活领域均给予一定的项目扶持，运用政策工具使资源向乡村治理领域

① 苏霞. 层级化网络治理：多层级村庄自治架构及其运行机制——基于秭归“幸福村落”的调查 [J]. 华中农业大学学报（社会科学版），2014（1）：30-36.

② “七项任务”：一是大力发展村落经济；二是努力改善村落民生；三是积极建设村落设施；四是不断繁荣村落文化；五是及时化解村落矛盾；六是着力解决村落困难；七是切实保障村落权益。

③ “九个得到”又称为“九项目标”，指经济得到发展、民生得到改善、环境得到保护、设施得到建设、乡风得到净化、正义得到伸张、矛盾得到化解、困难得到帮扶、权益得到保障。

④ 黄传喜，宋正荣. 创建“幸福村落”共筑美丽家园 [J]. 学习月刊，2013（2）：62-63.

倾斜，利用公共资源来协助村民进行村庄基础设施建设。[①] 各级政府通过行政手段丰富了村级自治组织的治理资源，提升了村级自治组织的自治能力，加强了乡村治理扶持的针对性，对农村经济社会的发展起到了立竿见影的效果。从另一个角度来看，“幸福村落”创建过程中涉及的事务与需要面对的问题，往往都是细微层面的甚至是琐碎的，但又与村民的日常生活息息相关的。因此“幸福村落”创建工作乃至基层自治本身都往往会散发出一股“乡土气息”，乡村治理也往往会采取“半正式的行政方法”。[②③] 这就决定了各级政府在对村级自治组织提供直接的政策倾斜和项目扶持时必须具有一定的灵活性和针对性。

三、政策支持存在的问题与应对

各级政府对各试点村的“幸福村落”创建工作的大力支持为基层社区治理创新营造了一个良好的发展环境，没有来自政府的政策支持就不可能实现“幸福村落”创建与乡村社会治理创新的顺利开展。但通过调研我们发现，就“幸福村落”创建而言，在政策的提供和作用发挥方面仍存在不足之处，仍有进一步改进的空间。

（1）政策的稳定性不足。尽管“幸福村落”创建工作整体上的政策安排和制度设计比较稳定，但一些为乡村自治提供直接支持的政策的稳定性与连续性则相对不足。村民普遍认为政府给予的政策不连续、预期会发生变化，因而一些村民对政策采取观望态度，甚至等候、期待“更好的政策”。这种政策的相对不稳定性一方面是由我国农村社会发展变迁速度加快、社会问题相继凸显的客观现实所决定的，另一方面也是农村社区治理涉及问题的复杂性的体现。因此，政策设计和执行部门一方面需要密切跟踪把握农村经济社会发展的变化，仔细评估变化带来的影响和后果，据此降低政策相对农村社会现实的滞后性。另一方面需要从宏观层面出发，针对群众的根本利益制定相关政策，提高政策的稳定性与连续性。

---

① 苏霞. 层级化网络治理：多层级村庄自治架构及其运行机制——基于秭归“幸福村落”的调查［J］. 华中农业大学学报（社会科学版），2014（1）：30-36.

② 李怀印. 华北村治：晚清和民国时期的国家与乡村［M］. 岁有生，王士皓，译. 北京：中华书局，2008：82-111.

③ 冷波.“双轨政治”重构与村治结构创新：以湖北省秭归县“幸福村落建设”为例［J］. 中共宁波市委党校学报，2018（3）：96-103.

（2）各部门存在“各自为政”的现象。村级自治组织往往会收到上级政府多个部门提供的政策扶持与安排的行政任务，用一句俗语来说就是“上面千条线，下面一根针”。但不同部门下达的各项政策和任务所针对的需求和解决的问题都不相同，相互间缺乏联系和衔接，给人一种各部门“各自为政”的印象。村级自治组织面对这种情况，常常应接不暇甚至疲于应付各种行政任务和要求，原本旨在促进农村经济社会发展、解决乡村治理问题的农村政策反而降低了自治组织的运作效率。有调查对象对此这样评价：“上面的事也不是一次性地到位，是各部门各管各的，各部门的事都重要，而且是即排即要……”针对这一现象，各有关部门可以加强相互间的联系与信息共享，以提高政策安排间的协同性。或针对具体项目形成联合指导组共同下达行政任务与要求，整合相似或联系紧密的具体政策和行政事项。

（3）村民对政策的理解差异与攀比心理，影响政策执行的民众参与及配合。不同村或村落的民众对政策的理解往往不尽相同，村民比较在意某项政策自己能否“有份”、能否落实，政策扶持给自己带来的利益及可能产生的弊端，并将这些考虑放到与相邻村、村落或他人的比较当中，从而容易对政策公平性产生顾虑甚至形成相互攀比的心理，这一问题在“脱贫摘帽”领域显得尤为突出。例如，陈家坝村有在册贫困户 138 户共 364 人，他们因为各种原因享受的政策不完全一样。享受易地扶贫搬迁的 27 户在享受政策方面有所差异，因为集中安置的政策标准和分散安置的政策标准有一定的区别。产业扶持政策会随时间变迁而调整，2014 年、2015 年这两年的贫困户多数没有享受到 2017 年、2018 年的政策。这些大大小小的政策差异都或多或少地让一些村民感到“不公平”，并由此产生消极情绪。同样存在这一问题的还有危房改造政策，危房改造主要是针对“四类对象”① 户和非贫困户中没有享受危房改造政策，且其合法唯一住房经认定为 C、D 级危房②的秭归户籍农村住户。2017 年当地的危房改造只针对在册的“四类对象”贫困户，到 2018 年县政府对非贫困户中符合条件的对象也给予了政策扶持，却在具体政策上有所区别。这

① 扶贫“四类对象”指农村低收入人口、省定经济薄弱村、扶贫开发重点片区和扶贫开发重点县（区）。

② 根据《农村危险房屋鉴定技术导则（试行）》，C 级危房即局部危房，指部分承重结构不能满足正常使用要求，局部出现险情，构成局部危房；D 级危房即整幢危房，指承重结构已不能满足正常使用要求，房屋整体出现险情，构成整幢危房。根据《秭归县农村危房改造实施方案》，C 级危房一律采用修缮加固方式予以改造；D 级危房可加固的要优先选择修缮加固，确实不能修缮加固的方可进行拆除重建。

些具体政策的差异、政策出台时间前后和受益对象的不同让一些没有享受到危房改造政策的村民产生被剥夺感等消极情绪。实际情况正如陈家坝村党总支书记傅先新所言："在此期间，必须有人受益得到好处，但这只能是少数人，而多数人只能间接受益，不是所有的好处每个人都有份。"因此，基层行政干部和村干部需要进一步加强对群众的政策宣传和教育，让群众真正理解和接受，同时认真倾听群众的诉求，达成政府和农民的相互理解。

第三节　"幸福村落"的法律环境

法律环境是乡村治理的一个重要影响因素，但相关法律对乡村治理的意义往往容易为研究者乃至村干部、村民等自治主体所忽视。随着"依法治村"这一重要原则的确立和强调、农村普法宣传的普及以及村干部和广大村民法治意识的不断增强，法律环境对乡村自治发挥的显见或潜在的作用会日益凸显，陈家坝村的自治实践同样离不开一系列相关法律法规形成的法律环境的保障、支持与制约。

一、乡村治理的前提是依法治村

依法治村是乡村自治的一个重要前提，也是乡村自治组织架构形成、自治实践开展的合法性来源。2015 年的中央一号文件《中共中央国务院关于加大改革创新力度加快农业现代化建设的若干意见》中明确指出："农村是法治建设相对薄弱的领域，必须加快完善农业农村法律体系，同步推进城乡法治建设，善于运用法治思维和法治方式做好'三农'工作"。首次提出要加强农村法治建设，同时指出了我国农村法治建设薄弱的现状。文件从国家层面对农村法治建设做出强调和部署，这就抓住了破解"三农"困局的关键点。可见，法律不仅是乡村治理的外在约束力量和框架，更是一种基层社区治理的工作思维和工作方式，基层自治组织必须以相关法律为准绳，开展乡村自治实践。

从《意见》中还能进一步看出，乡村治理过程中的诸多方面都应依法治理，包括依法依规查处各种破坏生态环境的行为，依法保障农民宅基地权益，依法推进耕地、水资源、森林草原、湿地滩涂等自然资源的开发保护，健全依法维权和化解纠纷机制，依法加强农民负担监督管理等，这些都与广大农村的治理实践息息相关。不仅如此，《意见》更是强调要依法保障农村改革发展，提出“加强农村改革决策与立法的衔接。农村重大改革都要于法有据，立法要主动适应农村改革和发展需要”。从该文件中不难看出，农村改革和相关法律是相互促进的关系，一方面农村改革实践必须依法进行，受法律的约束；另一方面，法律又要随农村的实际情况与需要的变化做出相应调整，使相关法律的修订与时俱进。可见，围绕乡村自治的各种法律法规及由此形成的法律环境无疑能够对乡村治理产生重要的影响。

二、“幸福村落”相关法律法规

遵从各项法律法规的规定，不与现行法律法规相违背是陈家坝村“幸福村落”创建活动的前提条件。中共秭归县委、县政府印发的《“幸福村落”创建工作实施方案》指出，“幸福村落”创建工作要坚持依法依规的基本原则，要求“幸福村落”创建要在法律法规和各项政策规定的范围内开展，规定《章程》和各类村规民约不得与法律法规和政策规定相违背，这就决定了陈家坝村的乡村自治工作必然在一定的法律框架和法律环境之内进行。

法律对乡村自治的作用不仅仅在于制约，更在于支持村民自治，保障村民的自治权利。《实施方案》指出要认真贯彻执行《中华人民共和国村民委员会组织法》，村委会要按照村民自治组织的职责和权利，在充分尊重村民意愿的前提下建设村落，在村落内实行民主选举、民主决策、民主管理、民主监督，提高村民自我教育、自我管理、自我监督、自我服务的水平。法律不仅保障了微观层面的乡村自治，更从宏观层面保障了乡村振兴与农村社区的发展。为实现这种保障，一系列相关的法律法规共同发挥重要作用，由此形成一种严密、系统的法律环境。具体而言，除了《村民委员会组织法》之外，《农业法》《乡镇企业法》《农村土地承包法》《农业技术推广法》等一系列与乡村生产生活密切相关的法律以及《农民承担费用和劳务管理条例》《乡村集体所有制企业条例》《农村五保供养工作条例》《基本农田保护条例》《农药管理条例》等一系列与“三农”密切相关的行政法规也对各种涉农事项做出了规定和要求，有力地保障了基层自治和农村生产生活，防止其脱离正轨。最高人民法院发出《关于认真学习贯彻〈中共中央国务院关于实施乡村振兴战略的意见〉的通知》，要求各级人民法院发挥职能作用，依法保障乡村振兴战略的实施，包括依法妥善处理乡村振兴战略实施过程中的各类矛盾纠纷；

依法维护农民权利；依法打击制裁犯罪行为，为乡村全面振兴营造安全有序的环境；依法监督行政机关行使职权；依法保障农村绿色生态经济发展等。这意味着法治逐渐融入乡村振兴战略的各项部署当中，充分发挥了法治在乡村治理整体格局中的核心作用。①

与政策倾斜、财政投入等更为灵活、更具针对性的乡村自治支持手段相比，法律环境的作用不那么显而易见，难以给农村社会的发展建设带来立竿见影的效果。但从上述一系列涉及“三农”的法律法规中不难看出，法律法规对农村基层治理影响广泛，对各个自治主体均起到约束作用，其潜在作用有力保障了乡村自治工作的有序进行。

三、依法治村面临的问题与应对

我国农村较弱的法治基础和相对城市更为迟缓的法治化进程，使得农村的法治化工作成为法治建设的重点和难点，在陈家坝村等乡村开展的农村社会治理创新，在法治层面主要面临以下几个问题。

（1）民众的法治意识和法律素养需进一步提高。广大村民法治意识的普遍提高是依法治村的重要基础，但村民受教育程度相对较低，法治意识较为薄弱，法律认识也还需要进一步提高，与建设法治化社会所需的民众法律素养尚有一定的距离。因此，要不断加大农村普法宣传教育工作的力度，提高广大村民的法律素养，特别是使其形成法治思维习惯，让广大村民知法懂法、善于用法。由此，乡村治理的法律环境才能在乡村治理中真正发挥作用。

（2）法治逻辑与“乡土经验”间存在差异性。长期的农村生活经验使得大多数村民形成了基于“情理”而非“法理”的价值判断与处事习惯，依照以往的经验、旧例而非共同遵守的规则行事的做事风格和“找人评理”而非诉诸法律的争端解决模式与法治社会的行事逻辑有一定差异，这也使得法治精神在农村难以深入人心。要解决法治思维和乡土逻辑间的矛盾，就需要积极推进法治与自治、德治的结合，促进“法”“理”“情”三者之间的协调，让法治要素植入基层农村。党的十九大报告在社会治理层面提出“健全自治、法治、德治相结合的乡村治理体系”的新要求。建设自治、法治、德治“三治结合”的乡村治理新体系，既是全面推进依法治国的进程中加强基层民主

---

① 王裕根．乡村治理中的自治、法治与德治［EB/OL］．中国法院网．https：//www.chinacourt.org/article/detail/2018/03/id/3247257.shtml.

法治建设的应有之义，同时也是农村经济社会发展的必然要求，更是推进国家治理体系和治理能力现代化的重要方式。为乡村治理营造良好的法律环境并不意味着以法治取代德治或者以“法”取代“理”和“情”，而是通过自治、法治、德治“三治结合”，以法律保障村民自治，这更加符合乡村社会治理实际。

（3）法律编制需跟上乡村自治创新步伐。乡村治理创新，不论是上级政府推动的还是村级自治组织自发开展的，往往都先于现有法规而出现。在这种情况下，法律法规容易变成乡村治理创新的“拦路虎”。具体到“幸福村落”创建活动中，有学者认为将村民自治单元下沉到村民小组和村落理事会，构建新型基层自治体系存在法律层面的障碍。[①] 现行法律法规对村落理事会的规定比较缺乏。这就是 2015 年的中央一号文件《中共中央国务院关于加大改革创新力度加快农业现代化建设的若干意见》指出的“立法要主动适应农村改革和发展需要”的情况。在这一方面，该《意见》规定“实践证明行之有效、立法条件成熟的，要及时上升为法律。对不适应改革要求的法律法规，要及时修改和废止。需要明确法律规定具体含义和适用法律依据的，要及时做出法律解释”。明确表明涉及乡村自治的法律建设需要随着乡村自治实践的推进和创新而做出相应的调整和改变。可见，新型村级自治组织结构的形成和乡村自治新形式的出现意味着相关法律体系的构建要跟上乡村自治创新的步伐，乡村自治创新也必然会推动法律法规的完善，随着村落理事会等乡村自治创新制度的日益成熟及其效果获得进一步证实，乡村自治创新将反过来推动法律进步与完善。

总之，法治与乡村自治紧密相连，乡村振兴离不开法治支撑，农村发展离不开法治护航，农民福祉离不开法治保障。我国作为一个农业大国，农民仍占我国人口较大比例，因而依法治国要以依法治村为先行，并将依法治村落到实处。[②] 农村的法治建设应当基于完备的法律体系而构造起来，在全面依法治国的整体框架下得以建构。

---

① 项继权，王明为. 村民理事会：性质及其限度［J］. 福建论坛（人文社会科学版），2017（9）：155-160.

② 陈安琪. 依法治村，浅谈农村法治建设［EB/OL］. 人民论坛网，http：//www.rmlt.com.cn/2017/0830/493035.shtml？from=timeline&isappinstalled=1.

第四节　“幸福村落”的经济支持

农村经济社会建设和社会治理不仅需要良好的政策扶持和法律保障，也需要充足的资金投入，这是乡村自治及农村公共建设得以实现的物质基础，也是村级自治组织与其他乡村治理主体尤为关注的重点。“幸福村落”创建工作的顺利开展和进行同样离不开多样化的资金获取渠道和来自政府、企业等方面的经济支持，经济支持也就成为乡村自治的外在保障性条件的重要组成部分。

一、经济支持的重要价值

如果与村干部探讨乡村自治和农村社会建设方面的事务，他们无一例外都会谈到各项农村公共产品和服务的供应所需较高的经费支出，以及有限的集体经济和资金来源对农村公共建设的制约。经济支持的缺乏往往能够给村级自治组织和其他乡村治理主体带来明显的“痛感”，事实上，寻求外部的经济支持已成为村治工作的一项核心内容。如果考虑到我国农村的现实情况，这种现象就不难理解。农村有限的生产力水平，总体上较为孱弱的集体经济以及市场经济环境的缺乏等不利条件均制约了农村在经济方面的“造血”能力，农村经济的脆弱反过来又制约了农村经济社会发展，减缓了乡村振兴的进程。基层自治组织如果从经济主体的角度来看并不算优秀，一方面其对外部的经济支持有较大的需求，另一方面自身对接资源、开拓市场的能力又比城市更低，由此产生的矛盾容易让乡村公共事业发展陷入僵局。此外，许多村庄因为历史和经济原因往往或多或少地负有外债，甚至外债金额惊人的高，这也导致农村基于自身的经济力量发展公共事业、推进乡村自治存在一定的困难。“缺钱”的窘境使得对村民生产生活有益的工作难以开展、服务村民生产生活的基础设施难以建成、对村民生活造成困扰的问题难以解决，甚至让村级基层自治难以为继。总之，对基层自治组织而言，经济支持无疑具有突出的现实价值。

对于陈家坝村的“幸福村落”创建工作而言，外部经济支持的重要性显得更为突出。农村经济社会建设的体量越大、涉及的民生领域越多、覆盖的范围越广、所影响的民众越多，则这些项目所需的经济投入也就越多，外来经济支持的缺乏对建设进程的负面影响也越大。可见，“幸福村落”创建的资金从何而来，是一个无法回避的问题。

二、“项目制”下的经济支持

陈家坝村乃至整个秭归县的“幸福村落”创建，其获得的外部经济支持以政府政策项目资金、转移支付为主，上级政府以项目资金的形式为“幸福村落”创建工作提供创建条件、优化创建环境。例如，秭归县财政按照每村每年1万元的标准，设立“幸福村落”建设以奖代补基金，保障“幸福村落”创建工作有力有序推进。通过政策倾斜、项目扶持、“一事一议”等多种方式，2013年全县共筹措“幸福村落”支持帮扶资金共1100万元支持村落道路、安全饮水等公益设施建设，整合7180万元用于10个贫困村的整村推进，争取新农村建设项目资金6.9亿元。[①] 可见，通过各级财政获得的针对“幸福村落”创建工作的项目资金是陈家坝村“幸福村落”创建的经济支持主要来源。

自上而下的项目经费，是“幸福村落”创建的主要资金来源，这一现实情况有着深刻的背景。农村税费改革以来，财政转移支付逐渐取代传统的农业税，中央和地方政府以“项目”作为主要形式向农村经济社会建设拨付资金，“项目”逐步成为农村公共产品与服务的生产和供给的主要资金来源。海量的、名目繁多的“项目”经由各级政府职能部门进入广大农村，有力地推动了农村公益事业和公共服务的发展。在此过程中，项目资金的额度、形态与项目的运作方式均对乡村社会治理产生深远影响。[②] 因此，向上级政府争取项目，就成为农村获取经济支持的重要方式，能否争取到充足的、与村治工作和所需要解决的公共问题相匹配的项目和资金，就决定了能否获得来自政府的经济支持。

在实际的农村公共产品及服务的供给过程中，来自政府的项目资金支持和村庄内部筹集的资金往往共同构成资金来源，村级自治组织并非完全依赖

---

① “2013年度中国社区治理十大创新成果”候选项目之二十三：关于湖北省宜昌市秭归县“幸福村落”创建创新成果的说明［EB/OL］. 人民网，http：//politics. people. com. cn/n/2014/0226/c99014-24472948. html.

② 苏霞. “项目治村”的运作逻辑［D］. 武汉：华中师范大学，2014.

政府的转移支付或项目资金。例如，陈家坝村在为“天蓝地绿”环境卫生志愿社团的工作开展筹集资金时，就曾经召集全村企事业单位，总结2017年企事业单位安全生产工作，结合陈家坝村精准扶贫和公益创投项目开展情况进行讲解，以“天蓝地绿”环境卫生志愿社团为基础，向各企事业单位进行基础设施和环境卫生治理管护资金资源链接。以“小村落，大能量”村落志愿联盟为例，其所能链接的经济资源主要包括村集体经济收入、社会治理专项资金、“美好基金”、驻村企业的资金、爱心人士捐款等。可以说，渠道多元化是村庄内部资金筹集的主要特征之一。即使如此，政府的政策项目资金及转移支付仍是乡村治理最为重要的经济支持来源。

三、经济支持面临的问题与对策

来自政府的政策和资金支持无疑是陈家坝村的“幸福村落”创建得以成功的重要因素，但项目资金在拨付和支配的同时也不可避免地产生矛盾和问题。

（1）经济支持来源较为单一。当前“幸福村落”创建的资金来源主要是各级政府的转移支付及项目资金，经济来源比较单一，经济支持获取的渠道比较缺乏，导致乡村治理、农村公共产品与服务的供给对上级政府有较大的依赖性。如果将这一现状与农村自身较弱的集体经济和较低的经济“造血”能力相联系，就不难看出经济支持来源的单一性给农村经济社会发展带来的潜在风险和不确定性。

（2）“项目制”下的经济支持有时与农村的实际需要有差距。来自政府的政策和资金是一种有限的资源，对于对象和使用范围有较为严格的规定。这有可能导致一些同样具有乡村治理需求的村或村落难以获得所需的经济资源，或者急需发展或解决困难的乡村治理领域难以获得经济资源。陈家坝村傅先新书记曾就这个问题表示：“（获得项目资金较多的是）重点贫困村，他们有多达上千万元的项目和资金，可以修路铺桥、发展产业等，而像我们陈家坝这样的非贫困村，近几年日子是不好过的。有时即使给我们安排的项目和资金往往不是我们所需要的，有时安排了资金也做不好事。向有关部门争取吧，现在都是‘资金随着项目走，项目随着规划走’，资金、项目仍然是以贫困村为主。因此许多村民反映的修路、建水池等都是‘实实在在’的事，可是我们对此无能为力。”可见，“项目制”下的经济支持、经济投入与乡村治理问题的切实解决之间仍然存在一定的距离。

（3）经济支持在“量”的方面仍然有限。从访谈中我们了解到，乡村治理涉及的问题既“多”且“杂”，解决问题所需的经费往往超出了实际能够获取的经济支持。许多乡村治理问题因为经费原因而在短期内难以解决，甚至出现问题的“存量”不断增加的局面。也就是说，陈家坝村获得的经济支持在“量”的层面还比较有限，不足以支持乡村治理问题的解决与民众需求的满足。

针对上述问题，可以从以下两个方面入手解决。

（1）开拓外部的经济支持来源与渠道。除了政府的政策和项目资金之外，农村仍可以通过其他渠道获取所需的经济支持。例如，陈家坝村可以充分发挥三峡大坝及“屈原故里”带来的旅游资源优势，大力开发文化旅游、三峡风光旅游、乡村旅游等多种旅游形式，进而吸引旅游业及酒店业、零售业等相关产业的投资，从经济的角度推动农村的多元治理主体共同投资，以招商引资的形式开拓经济支持渠道。

（2）提高经费管理使用灵活性。“幸福村落”的进一步发展需要加大财政投入，同时针对项目经费与实际需求不完全匹配的问题，应当适当提高经费管理和使用的灵活性，对于农村中一些不适用于“项目制”管理模式的细微事务改变处理模式，使乡村自治、农村公共产品的供给更加机动，进而提高经费使用效率，将农村公共服务项目经费管理由“死”转“活”。

第五节　“幸福村落”的技术支持

与一般的乡村治理形式不同，“幸福村落”创建工作特别是其中的“公益创投”项目作为新型的乡村自治形式和农村公共产品和服务供给模式，体现出了独特的创新性与技巧性。一个村或村落要想顺利开展和参与这种新模式，不仅需要充分的政策、项目资金支持，更需要获得具体的治理实践技术指导。因此，技术支持也成为“幸福村落”创建的重要外部条件。

一、技术支持的意义与价值

正如一个人需要不断读书学习才能增长知识、获得技能，一个企业只有不断钻研才能推出新的产品一样，一个村级自治组织也需要通过不断学习来提升自治能力，提高处理农村公共事务的水平，实现农村产业的转型升级乃至农村社区治理的推陈出新。当今我国农村面临着人口与劳动力老龄化、农村空心化的现状，存在一系列治理问题和隐忧，必须调整乡村自治模式，转变农村经济社会发展方式。这就要求村级自治组织等村内的治理主体积极寻求成功的治理经验和有效的治理技术。对于急需转变乡村治理模式的村来说，这些非物质的智力资源无疑是宝贵的。积极寻求、获取技术支持也是体现村级自治组织的“学习性”，打造学习型基层组织的必经之路。

对于“幸福村落”创建工作而言，技术支持一方面包括专家学者为“幸福村落”创建工作下的项目和活动提供的理论支持、制度设计、流程安排与工作指导，另一方面包括已经在“幸福村落”创建或相似项目中获得成功的基层社区提供的经验和启示，两者共同作用于村的“大脑”，间接实现乡村治理模式的转变。村级自治组织与村民群体学习公益创投的方式方法、掌握公益社团创建与运作技巧的过程，也是获得技术支持的过程。相关技术支持的获得，为“幸福村落”创建提供了理论准备、知识和思想基础。以村干部、村落理事长为代表的乡村自治主体积极获取技术支持，有利于发掘乡村治理人才，培育高素质的乡村治理队伍，最终有利于提高乡村治理的专业化与科学化水平，推动农村经济社会发展进程。处于村治一线的乡村治理人员在吸收乡村治理成功经验的基础上根据实际情况制定本村自治方案，并根据自己的自治经验进行乡村治理创新，这种自下而上的乡村治理创新路径对于我国乡村治理理论与实践经验的积累具有积极意义。技术支持的意义不仅在于乡村治理体系构建与具体村治操作技术的获得，更重要的是实现乡村治理思路的根本转变，特别是促进治理思路从管理型向服务型转变。可以说，没有这些必要的智力与技术支持，也就不会有“幸福村落”创建工作的成功。

二、陈家坝村获得的技术支持

正如前文所述“幸福村落”创建工作的外在技术支持主要包括两个方面，其一是其他社区的成功村治经验，其二是来自高校、科研院所的专家学者提供的制度设计和操作指导。在“幸福村落”创建工作启动之前，创办村民自组织、开展公益创投等社区治理新形式与新手段对于陈家坝村来说可谓新鲜事物。为尽快掌握乡村自治与农村经济社会管理新技术，陈家坝村以村干部和各村落理事会“两长八员”为骨干力量，前往浏河社区、杨岔路社区等示范社区进行前期的学习培训，学习示范社区的先进经验。

2017年5月9日，陈家坝村傅先新、鲁雪飞、傅晓芹、周祖龙、鲁有朋、黎国铭、徐祖旺等村干部和农村治理人员以及其他村内党员一行集体前往参观了位于湖北省荆门市东宝区泉口街道办事处的浏河社区，学习该社区的“公益创投”项目、公益社团创建、积分制管理等方面的乡村自治经验。陈家坝村一行重点参观了浏河社区的自管联盟、社团孵化基地、公益积分管理、积分银行、积分超市、银发无忧和社区阵地建设。浏河社区党总支书记苏玉梅、居委会主任毕慧向陈家坝村一行讲解了始建于20世纪80年代初的浏河社区是如何从一个典型的“三无小区”① 转变为现在的“湖北省文明社区”“全国充分就业社区”“全国和谐社区建设示范社区”，讲解了自管委员会的建立，“公益创投”项目使该社区发生的改变，以及解决社区一系列问题的方式方法。通过浏河社区干部的介绍，陈家坝村的来访干部了解了从社区工作人员减压到如何通过“公益创投”技术促进对居民的关怀关爱等各方面的经验，两社区也相互交流了农村社区的工作现状和农村社区开展“公益创投”活动的方式方法。

图7-1　陈家坝村一行到浏河社区参观学习

① 这里的“三无”在湖北省人民政府网站的《昔日“三无”小区今成全国“明星”——荆门浏河社区居民自管联盟观察》一文中指无主管单位、无物业管理、无基本配套设施，在荆门市人民政府网站的《居民自管、积分助力——浏河社区创新社区治理和服务纪实》一文中指无物业管理、无安防设施、无维修金。

2017 年 9 月 18 日，陈家坝村傅先新、杜国年、鲁雪飞、傅晓芹及村内党员一行集体前往位于湖北省宜昌市伍家区大公桥街道的杨岔路社区参观学习。杨岔路社区副书记萧山向陈家坝村一行人详细介绍了杨岔路社区的发展情况、开展的项目活动以及社区治理经验，退休党员熊祥国详细介绍了熊祥国党员志愿服务社团项目开展情况并带领参观了活动中心阵地。此次参观还着重学习了杨岔路社区的五星党员考评方法和党员积分管理制度，这为陈家坝村的“党旗飘扬”党员志愿者社团的创建和运作提供了宝贵的经验。

图 7–2　陈家坝村一行到杨岔路社区参观学习

图 7–3　陈伟东教授团队对社区工作者进行培训

如果说乡村治理典型社区宝贵的治理经验是陈家坝村所获得技术支持的

重要来源的话，那么来自高校、科研院所的专家提供的社区治理实践指导则是技术支持的另一重要组成部分。华中师范大学政治学研究院的陈伟东教授及其团队深入秭归县，为基层干部和村、村落的自治团队带来了关于社区自治制度和治理体系的新理论、新观点，带来了“公益创投”项目的方案设计和实施技术、社会工作实务操作技术等社区治理的新理念、新技术、新方法。通过开办“城乡社区工作者社会工作实务能力培训班”等培训形式，极大地提高了基层社区治理人员、社区工作者的工作能力和技巧。

三、关于技术支持的建议

陈家坝村的“幸福村落”创建工作和“小村落，大能量”村落志愿联盟建设还在继续进行，继已建设完成的“天蓝地绿”环境卫生志愿社团和“夕阳红”老年志愿服务社团之后，“党旗飘扬”党员志愿者社团、“公管卫士”公益设施建管志愿社团和“文明新风”公共文化志愿社团也在建设过程中，新社团较已建成的社团具有不同的功能和作用，因而需要引入新的公益社团创建经验，这就需要引入本村之外的技术指导和经验，进一步学习先进的治理经验，并且将收获的治理经验与本村实际情况相结合，具体来说可以从以下两个方面进行。

（1）扩大乡村治理技术支持的获取渠道。与乡村治理相关的知识和经验往往是多层次、多领域的，既有理论层面的宏观知识，也有指导具体操作的微观技术，既涉及乡村治理的整体构架，又有涉及服务居民生活的具体方面的细节知识。乡村治理知识与技术的这种丰富性，决定了村级自治组织如果需要保证技术支持的全面性，保证获得的知识和技术能覆盖基层工作中尽可能多的方面，就应当寻求更多的技术支持获取渠道，从而丰富获得的知识层次和领域。具体来说，除了其他乡村被检验的成功自治经验与启示，以及来自专家学者的理论知识和操作技巧之外，还可以与民间智库形成合作关系，吸收其提供的乡村治理工作方案或是将部分技术要求较高的治理任务外包。同时，还可以参考借鉴发达国家乡村治理的模式与经验。例如日本因地制宜型的“造村运动”、韩国自主协同型的新村运动、德国循序渐进型的村庄更新、荷兰精简集约型的农地整理、瑞士生态环境型的乡村建设、法国综合发展型的农村改革、美国城乡共生型的乡村小城镇建设以及加拿大伙伴协同型的农村计划。[①] 在这一系列的乡村治理国际经验中，有些是外生型的、自上而下推行的乡村治理，如日本、德国、法国；有些则是一种内生型的、上下结合共同驱动的模式，如韩国、荷兰、瑞士、美国、加拿大。对于西方资本主义国家的乡村治理模式与经验，既不能盲目迷信、照搬照抄，也不能走向拒绝学习的另一极端，而是要用辩证的观点对其进行吸收借鉴，剔除其中不适合我国国情与本村实际的内容，保留有价值、有意义的部分，从而做到“洋为中用”。

（2）在充分吸收学习的基础上将技术支持与本村实际相结合。外来的治理经验和技术不论设计多么精密、理论多么严谨，如果不能与本村的实际情况相结合或者不适用于本地的村治实践，也不能得到采用。因此，需要仔细评估外来的经验技术与本村及村落实际情况的匹配程度和适用性，在践行经验技术的时候与本村实际充分结合，由此做到“集思广益”与“因地制宜”的统一。具体而言，首先要考察通过外部的技术支持获得的经验技术与本村的客观条件是否相符，特别是与本村自然环境、地理特征、经济状况、人口结构、社会构成等方面的匹配程度。其次要考察经验技术与本村自治需求的匹配程度，即这些经验和技术能否用于应对与解决本村的乡村治理问题，是否有助于达成本村的乡村治理目标。最后还要考察经验技术实现的可行性或可操作性。通过上述验证，实现外来的经验、技术与本村实际的有机结合，推动知识技能转变为现实的自治成果。

小　结

外在于村及村落的环境与条件是乡村治理的重要支持力量，这种保障性的外在环境条件对乡村治理的作用值得引起政府和学界及各种乡村治理主体的充分重视。本章将乡村自治的外在环境条件分为政策支持、法律环境、经济支持和技术支持四个部分，分别探讨了其现实意义、发展现状、存在的问题，并给出了相应的对策建议。由此系统总结了陈家坝村围绕“幸福村落”创建工作开展的乡村治理实践的保障性外部环境与条件，也回答了“哪些

① 沈费伟，刘祖云. 发达国家乡村治理的典型模式与经验借鉴［J］. 农业经济问题，2016（9）：93-102.

要素和主体在支持和保障一个村的自治和发展”这一问题。只有充分认识、分析、理解乡村治理的外部环境和条件，才能做到有针对性地利用、改造外部要素，以服务乡村治理与乡村振兴，回答这一问题对于乡村治理实践的进步与发展无疑具有一定的价值。

陈家坝村的“幸福村落”创建工作找到了推进农村社区建设的有效途径，也为进一步完善乡村治理机制、推动农村基层社会管理创新提供了重要借鉴，陈家坝村的治理经验也就由此成了其他村落的“技术支持”。乡村自治外在环境条件的重要性在治理实践中得以充分凸显，这暗示了尽管乡村自治名为“自治”，其在公共事务管理和经济社会发展方面能够自主开展和运作，但也不可避免地受到乡村之外的各治理主体及诸多要素的深刻影响。基层自治不意味着完全自理，更不意味着农村对外封闭。相反，乡村的“善治”意味着多元主体共同参与，意味着政府、企业、第三方社会组织、村两委、乡村精英与普通村民共同参与到乡村治理与公共服务供给当中，共同构成农村社区建设的主要力量，这种多元主体共同参与也构成了乡村自治的外部环境。没有政府的宏观指导和调控，就没有乡村自治的政策支持；没有法律对农村社区的制约和执法部门对农村社区的执法活动，就不会形成乡村自治的法律环境；没有政府、企业等对农村社区的资金投入，乡村自治的经济支持就无从谈起；没有其他村庄、专家学者的经验传递和指导培训，也就没有乡村自治的技术支持。可以说，本章所讨论的外部环境、条件与支持，正是我国农村多元共治的一种表现形式，从一个侧面反映了乡村治理的多元主体共同参与的现实状况，也为农村的多元共治提供了一个注脚。随着我国农村多元共治水平的不断提高，乡村自治的外部环境和条件必然会进一步得到完善。

第八章　陈家坝乡村自治探索的延伸思考

自中共十六届六中全会提出积极推进农村社区建设的要求至今，农村社区建设已成为基层社会治理体制改革的重要内容，推动村民自治又是其中的核心内容。村民自治是我国农村政治经济体制改革的产物，是建立农村和谐秩序的一种尝试，是伴随着现代化进程而诞生与发展的。陈家坝村的“幸福村落”创建活动在完善农村社区治理、提供公共产品和服务、推进村民自治等方面都取得了显著的成效。通过对湖北省秭归县陈家坝村“幸福村落”创建活动的经验进行总结和分析，能够为我国当前农村社区建设和乡村自治提供有益的启示与借鉴，充分发挥陈家坝村的经验在理论和实践两方面的价值。同时，陈家坝村以其乡村自治的实践阐述了“幸福村落”的意义和内涵，呈现出“幸福村落”未来的发展方向，这些都值得广大乡村治理者和相关研究者深入思考。

第一节　“幸福村落”对乡村自治现实问题的启示

我国农村在乡村自治的过程中往往面临着一些困境，存在着一些普遍性的治理难题，这些问题不仅困扰着基层自治组织，也为政府与学界所关注。有的问题是出于体制机制层面的弊端，例如村级自治组织的行政化与繁重的工作负担；有的是乡村较弱的经济社会基础的产物，例如较高的治理成本和较低的村民公共参与度。围绕具有典型性的农村社区开展研究，从中提炼出乡村治理的经验和亮点，其实质就是考察这些发展良好的基层社区是如何应对、解决具有普遍性的现实问题的。陈家坝村的村治实践有效地解决了一些具有普遍性的农村问题，包括村委会的权责与工作负担问题、降低治理成本问题和促进村民参与问题，体现出了一种自主性与灵活性，对于我国乡村自治具有一定的借鉴与启发意义。

一、如何应对村治中的微观问题

谈到中国农村自治与乡村建设、乡村振兴面临的主要障碍——即一般意义上的“农村问题”时，主要涉及两个层面的问题：其一是宏观层面，包括城乡二元背景下的农村（农业）人口结构变化、城市与农村之间的关系、基层自治组织与上级政府之间的关系等方面的问题。此类问题往往超出了农村自身的范畴，纵向上涉及农村与上级政府、组织的关系，横向上涉及农村与城市、其他地域的关系；其二是微观层面，即农村自身的治理结构、运行机制、自治模式等方面的问题。此类问题往往发生并局限于农村内部。两类问题有着不同的特征，因而要求不同的应对方法。

就宏观问题而言，城乡二元分割的结构体系，城市对邻近农村中以青壮年劳动力为代表的人力资源的虹吸，农村人口与农业劳动力的老龄化与女性化，留守儿童（妇女、老人）问题以及农村空心化、空虚化等都是这一范围中的论题。这些论题有一个共同点，即大多关注宏观层面特别是人口结构方面的问题，都注意到农村中的人口结构，包括农村人口的年龄结构与性别结构的变迁。基于人口结构而产生的问题往往显得较为“臃肿”：在时间层面，这些问题往往跨越了一定的时间跨度，它们不是突然出现或爆发的，而是逐渐累积形成的，且将长期存在，具有时间上的延伸性。显然，农村和农业人口老龄化问题是一个持续的社会趋势，难以在短期内得到解决；在空间层面，农村人口的老龄化、空心化问题不是仅存在于某些省份、地域的村庄中，而是广泛存在于我国农村，问题的覆盖范围较广，具有空间上的延展性。

宏观层面的农村问题所具有的“臃肿”特征意味着仅靠村庄自身的努力或者有代表性的村庄的成功经验难以形成突破。想要通过调整农村人口结构来改变农村现状、解决农村问题并不容易，这需要政治、经济、社会部门的通力合作以及长期的努力才能解决。那么，是否意味着单个村集体或基层自治组织对于农村问题就不能有所作为呢？答案是否定的。

由于农村、农业人口老龄化等宏观问题的“臃肿”特性，对于村级自治组织而言，其能够发挥作用的地方就不是宏观层面的农村问题，而应当在农村内部“做文章”，应对处理乡村自身在治理结构、组织体系、治理模式等方面的问题，即微观层面的农村问题。具体来说，就是在当前的农村人口结构的基础上，调整乡村自治体系与结构，改善农村社区治理模式，发展乡村核心产业，以及采取其他有助于重建乡村秩序、推动农村社区发展的措施。如果对乡村自治成果显著的典型村庄进行考察，就不难看出其实现农村善治的主要路径是：依靠村治组织体系调整实现农村有序治理、依凭社会组织运作实现农村公共服务供给、依托核心特色产业实现农村经济发展。相对于宏观层面的农村问题的“臃肿”，微观层面的乡村治理往往显得“小而杂”。“小”指的是问题往往存在于农村内部，发生于村民与村民之间或村民与村集体之间，甚至有些只是看起来不起眼的琐事。“杂”指的是乡村自治的复杂性和非正式性，村治过程往往涉及乡村生活的方方面面，遍及乡村运转过程的各个阶段，各类事务差异化程度高。乡村自治“小而杂”的特征决定了不同的村庄在自治上的差异性，决定了应当“因地制宜”地选择乡村自治形式与农村社区发展路径，同时在村治过程中发挥农民群体和民间组织的作用，采取更“接地气”的工作方式，以适应农村的社会环境与乡土社会的复杂性。对于乡村治理的这种特性，李怀印、冷波等学者以“半正式的乡村治理”进行描述，认为这是一种官民两便的实体治理。①② 余练、李永萍则称之为“微治理”③ 或“小微治理”，④ 以区别于宏观层面的、自上而下的行政式治理方式。

陈家坝村基于“幸福村落”创建活动建立的乡村自治新模式正是在不改变人口结构的基础上，通过扩展村治组织体系、成立村内社会组织、建立民众公共参与激励机制等本村范围内的微观措施而实现的，所针对的也主要是完善基础设施、环境保护、村庄公益、维护治安、调节村民关系等农村自身的问题。“地还是那片地，人还是那群人”，乡村面貌却大变样。同样是半正式的“微治理”，陈家坝村却有自己的特色。与许多以发展核心乡村产

① 李怀印. 华北村治：晚清和民国时期的国家与乡村［M］. 岁有生，王士皓，译. 北京：中华书局，2008：82-111.

② 冷波. “双轨政治”重构与村治结构创新：以湖北省秭归县“幸福村落建设”为例［J］. 中共宁波市委党校学报，2018（3）：96-103.

③ 余练. 农村基层微治理的实践探索及其运行机制：以湖北秭归县“幸福村落建设”为例［J］. 华中科技大学学报（社会科学版），2017（6）：11-19.

④ 李永萍. 基层小微治理的运行基础与实践机制：以湖北省秭归县“幸福村落建设”为例［J］. 南京农业大学学报（社会科学版），2016（5）：46-54.

业带动集体经济发展的农村社区不同，陈家坝村的新型自治模式目前的作用主要不在于形成了新的乡村产业或农村经济发展模式，而在于建立村民参与乡村运作与治理的激励机制，激励乡村精英、普通村民作为自治主体参与乡村建设，充分发挥各主体的积极性与能动性，实现村民角色由“旁观者”向“参与者”和“行动者”的转变，进而改变乡村社会“一盘散沙”的面貌和原子化现状。这对于其他农村社区特别是经济条件相对较弱、缺乏核心特色产业的乡村，具有一定的借鉴意义和参考价值。

二、如何给村两委减负

要实现基于村落的乡村自治，一个必要前提是建立与之相适应的组织架构，而建立“双线三层”的自治组织架构正是陈家坝村自治模式的重要内容之一。这一组织架构的意义已然超出了一般意义上村落治理的层面，其所应对乃至解决的，是一直以来为基层自治组织与村民所诟病、长期阻碍基层自治良性运转的一个问题：基层自治组织的角色和职责安排问题。

当前乡村治理面临的难题之一是村级自治组织越来越行政化，应对上级安排下来的任务的压力越来越大，所要承担和应付的行政任务日益繁重，这种现象被形象地称为“上面千条线，下面一根针”。上级各系统、各部门都有特定的工作标准和具体工作要求，都需要基层去落实到位。同时，对于处于行政体系最底层的基层单位来说，上级政府的要求无论来自哪一部门，都必须去做好。这就导致村两委必须面对基层政府各个部门，面对从各级政府分包下来的任务和责任。村两委的工作由此变得异常繁重，再加上有限的工作人手，由此带来的后果是村两委的工作效率低下，并且影响到了与村民的日常生活联系得最为紧密的乡村内部事务的处理。村级自治组织在同时处理、应对上级组织的各种要求和复杂细微的村内事务与村民需求时往往显得力不从心，不仅人力物力资源被大量消耗，村两委自身也逐渐被“悬置”于农村公共社会的上方，慢慢与农民的真实需求产生距离。正如宋正荣所指出的，随着农村民主改革进程的不断深化，村民自治与现行政治体制的制度性矛盾日益突出，村民自治空间由此变得越来越狭小。[1]

除了各级政府传达下的行政任务之外，乡村内部的基础设施建设、乡村

① 宋正荣. 在“幸福村落”创建中找到村民自治的钥匙：对秭归县创新村民自治的思考［J］. 学习月刊，2014（4）：64-65.

环境保护、乡风文明建设、乡村治安等往往也是村两委负责的领域。作为村一级的村民自治组织，村两委无疑对乡村治理各方面负有必要的责任，但其人力、物力、财力资源往往比较有限，仅凭有限的集体经济也难以支撑全部的村治成本，乡村内的许多具体事务，例如处理村民间的矛盾、维持环境卫生与村容整洁等如果都由村委会干预处理的话，不仅效率低下、目标达成的期限延长，而且造成村务积压，加重了基层自治组织的负担，也不利于乡村建设与发展。

从上述现象中不难看出，村两委事实上在同时扮演着双重角色，其一是村民的自治组织，承担各种村务及乡村建设责任；其二是基层政府的下级组织以及政府治理力量的延伸。可见，其作为一种自治组织，却承担着自上而下的行政压力。“乡村自治”与“行政任务”这两种截然不同的任务均需要村两委来完成，村级自治组织慢慢偏离“自治”的本来含义，日益变为行政组织的基层代理机构。在这样的情况下，为村级自治组织“减负”、提高村治效率成了农村的现实需求。

在这一方面，陈家坝村通过自治下沉，转变乡村自治组织结构，扩展村治组织体系，对村务进行细分并“分工合作”，降低了村两委的工作负担，改善了乡村治理效率和效果。具体来说，陈家坝村通过在村委会和村民群体之间建立村落理事会、在村级党组织与普通党员之间建立党小组，形成“双线三层”村治组织体系，将属于各村落的党建责任、具体村务和村民需求由村两委分担到各村落的党小组和理事会，并由“两长八员”具体负责，村两委则负责全村性的事务。一方面做到了在不改变村两委“自治主体”角色的前提下为其“减负”，使村两委的责任更为集中、职责进一步明确，实现村两委和村落理事会、党小组之间的分工；另一方面也填补了自治组织与村民间存在的空隙，充分发挥了村民在乡村自治中的作用。这既可以说是分担了过去村委会的事务，又可以说是让原本应由村民群体自主去做的事务回到了村民的手中。“两长八员”均是从各村落中民主推选出的乡村精英与热衷村务的村民，与普通村民群体的联系更为紧密，对村民们急需解决的生活问题与现实需求的了解也更多更深，因而由他们组成的“两长八员”能够较好地履行责任，不断提升村民的福祉。村落理事会的成立和运作提高了帮助村民们解决实际问题的效率，同时还显著减轻村两委的工作负担。老百姓有了矛盾、纠纷或难以解决的问题时，不需要再走一个多小时去村里向村两委反映，而是先找本村落的“八员”调解，解决不了的问题再由“八员”向村委会反映。通过对村落理事长放权和配资，充分发挥“八员”的作用，让他们配合理事长开展工作。由此，通过对村落事务进行细分，进一步形成了分别负责不同村落、专门提供特定公共服务、解决具体问题的人员构成，将村两委从村级自治的“细枝末节”中解放了出来。

从陈家坝村在村级自治组织“减负”方面的实践中可以看出，一个村的自治单元规模与村级组织架构应当与该村实际相匹配，这里的“实际”既包括该村的人口结构、人口数，也包括占地面积、地形地貌等情况，这一原则对于那些被“合村并组”的乡村更具有参考价值。学者吴理财据此反对轻易调整村组规模，认为这有可能“带来土地纠纷、财务矛盾，激发乡村人民基于地缘形成的派系意识，从而引发村级选举的冲突，不利于乡村治理”①。合村并组之后，治理单元的规模无疑是扩大了，这必然要求增加而非减少村治人员、扩展而非压缩组织框架。而陈家坝村在村两委之下设立村落理事会和党小组，并在村落理事会内形成一套完整的村治班子，事实上就是在对原有的村民小组进行强化，并充实村落的自治功能。② 陈家坝村对治理模式的调整，对于规模较大或合村并组后的乡村如何适应新的村治形势，具有一定的启发意义。

三、如何降低乡村治理成本

当前乡村治理的现状反映出的对村级自治组织“减负”与“村务下放”的强烈要求，不仅来源于村委会扮演的双重角色和多样化的任务和负担，还是由村集体有限的集体经济、较少的人力物力财力资源所决定的。因此，降低乡村治理成本、提高治理效率，以较低的成本实现乡村的有效治理，成为乡村自治过程中不可忽视的一个问题。具体来说，降低乡村治理成本主要涉及以下三个方面：其一，降低时间成本。乡村事务的多样性与复杂性决定了村委会需要解决的问题和需要达成的目标往往“堆积如山”，从调研的结果来看，情况确实如此。因此，减少处理村务、达成目标所花费的时间，提高处理效率就显得十分必要，即需要降低乡村自治的时间成本。其二，降低经济成本。乡村治理目标的实现，例如改善基础设施、发展乡村产业、提供公

① 吴理财. 合村并组这事不要再折腾农民了［OL］. 个人图书馆，http：//www.360doc. com/content/17/0924/12/22587800_ 689652996. shtml.

② 项继权，王明为. 村民理事会：性质及其限度［OL］. 中国社会科学网，http：//www.cssn. cn/zzx/zzxll_ zzx/201710/t20171019_ 3673495_ 2. shtml.

共文化服务等往往需要大量的经济投入，而这与许多农村集体经济孱弱的现实相冲突，以村级自治组织本身的积累和获得的转移支付与财政资金支持依然难以解决所有的治理需要。这就需要降低乡村治理的经济成本。其三，降低沟通成本。实行基层民主有其必要性，也具有重要的现实意义，但农村社区内不同利益主体之间、村民之间也存在各种利益冲突，“集体决定”“征集意见”既是相互沟通的过程，也是矛盾凸显、利益对立的过程。因为个别农户不同意而导致村集体放弃修桥修路的情况时有发生，这就需要集体内部加强沟通、缩小不同利益间的差距，降低村治过程中的交流成本。

从陈家坝村“幸福村落”创建活动中不难看出，通过建立“双线三层”村治体系、缩小治理单元、成立村民自组织等一系列措施，陈家坝村有效减少了乡村自治的成本，实现了农村社区的低成本运行。

在降低时间成本方面，各村落理事会“两长八员”的作用主要体现在处理村务的人手增加了，由原来的村两委扩展到“两长八员”及志愿者群体，公共服务和村民需求被进一步细分并交由专人负责，处理村务的时间自然缩短。大多数的“小”事务在村落范围内得到有效解决，不再像原来那样堆积在村两委，实现了乡村事务“模块化”处理，极大提高了乡村治理的效率，进一步减少了时间成本。

在降低经济成本方面，“幸福村落”创建活动鼓励村民积极参与到社区治理过程中并在其中发挥作用，使得一些原本需要花钱雇人开展的工作由本村村民完成，降低了雇佣人力的经济成本。此外，陈家坝村的治理实践突出表现为以公益而非市场的形式提供公共产品和服务，同样降低了乡村自治的经济成本。

在降低沟通成本方面，各个村落的“两长八员”较村两委成员更接近、了解本村落的村民，能够以村民们熟悉、接受的方式去开展工作，以民间协商的形式解决问题，有利于缓解农户间的利益冲突，围绕村落内公共事务的交流更加顺畅，从而以较低的治理成本达到较好的治理效果。

我国基层组织在自治过程中往往容易产生各种各样的“内耗”，这其中既包含“文山会海”等制度性消耗，也包括村民间意见不同、利益不一产生的沟通成本，降低村治成本成了乡村治理的现实需求。“幸福村落”创建活动中包含了在正式的科层制组织体系和正式文件中不会出现的“半正式”甚至“非正式”的治理元素，其典型例子是负责组织协调红白喜事的“张罗员”，这些半正式的村治人员开展工作的方式也以颇具乡土特色的沟通协调为主。这种半正式的治理模式在降低村治成本方面具有重要作用，特别是有利于降低制度性成本和沟通成本。同时，村落理事会的“半正式”治理与基层政府的“正式”治理能够通过村两委这一扮演行政与自治双重角色的组织进行有效衔接，从而形成一种正式的治理框架与非正式治理框架并存，“自上而下”的行政化治理手段与“自下而上”的乡土传统行事方式共通的复合式乡村治理架构，进一步降低村治成本。可见，这种“正式”与“非正式”相结合的治理模式富有弹性，既契合乡土社会的生活习惯，又能实现维持乡村秩序、促进农村社区发展的治理目标，值得借鉴。

四、如何促进村民参与

城乡社区民众积极参与社区内的公共事务，是基层自治的题中之意，也是促进包括政府、企业、社会组织、社区自治组织、社区居民等多元主体共同治理，最终实现社区善治的必要条件。早在20世纪90年代，政府就通过推行基层治理体制改革，试图激励更多的城乡居民参与到国家与社区建设中，以解决政府在基层治理能力有限的弊端。[①] 而如何将民众发动起来，激励他们参与社区治理，让民众自愿地、积极地讨论公共事务、开展公共活动、解决公共问题、增进公共利益，也就成了社区善治的核心议题。传统的农村社区治理实践尽管有涉及村民参与或以村民需求为导向的治理体制机制，却较少建立专门的制度或机制用以激励村民参与农村公共事务，“一事一议”容易变成“走过场”，对于公共的村务村民们“各扫门前雪”，缺乏公共参与动力。由此导致的农村原子化的状态难以改变，乡村建设与发展难以形成合力，村集体缺乏凝聚力与向心力。即使在积极推进多元主体共同治理的农村社区中，真正在“治理”村庄、提供公共产品与服务的也主要是基层政府、村级自治组织、乡镇企业、社会组织等，而普通村民仍处于“被服务”“被治理”“被代表”的境地。此外，农村人口的老龄化、较低的受教育水平、比较淡薄的公共参与意识也限制了其公共参与的积极性。尽管当前的中国农民早已不是当年晏阳初开展平民教育运动时面对的患有“愚、贫、弱、私”四大病的群体了，但农民的公共参与、公共服务意识还未达到其应有的水平。广大普通村民在乡村治理中缺席，这样的“多元共治”难以做到以村民的实际需求与切身利益为导向，与真正的“善治”有

① 朱健刚. 国家、权力与街区空间：当代中国街区权力研究导论［J］. 中国社会科学季刊，1999年夏季号.

一定的距离。

要实现广大村民真正参与社区治理、参与乡村公共事务，至少可以从两个方面入手：一方面在制度上为村民的参与提供渠道和条件，为村民进入公共治理空间提供便利，让村民“可以”参与社区治理；另一方面是建立村民参与村治的激励机制和动力机制，让村民“愿意”参与社区治理。与前者相比，让村民“愿意”参与社区治理无疑是一个更难实现的目标，而这正是陈家坝村的“幸福村落”创建活动特别是其中的积分制管理模式试图做到的。

陈家坝村开展的公益创投、创建村落志愿联盟等活动为这一问题的解决迈出了重要的一步。通过公益创投等措施，陈家坝村从物质激励（积分制）、道德制度激励（村规民约等）两个方面引导本村村民参与公共村务，激发了当地村民关心社区事务、参与社区建设、保护社区环境、解决社区问题的热情和积极性，强化了村级自治组织与村民间的联系。同时也激发了村民参与村落运作与公益的自主性与行动力，进而实现村民在村治过程中表达自己的意见、发挥自己的作用、解决自己的问题，这对于推动基层民主进程，实现基层农村社区的有序治理具有重要意义。

陈家坝村在激励村民的公共参与方面的另一特色，在于将热心公共事务的人和乡村精英有效地组织起来，充分发挥了这一特殊群体的积极作用。在村民中间往往存在一些热心公共事务、有号召力或有特殊才能特长的人，他们被称为乡村能人或乡村精英。充分发挥这批人的作用，从而带动广大村民投身乡村运作与建设，是激发村民参与共治的一个突破口。一般来说，这些热心的、有责任心的、有威望的村民们往往都在自觉或不自觉地充当“两长八员”和社团领袖的角色，但在那些没有建立村落理事会、没有建立公益社团的乡村中，这种自发式的“能人”行动往往是松散的、不成体系的，没有一个相对系统的形式去将乡村精英的力量组织起来。而秭归县的做法是一方面对过去的自然村及村民小组进行改编和扩展，在此基础上形成村落理事会，将热心村务者或有声望者纳入村落理事会之中；另一方面成立公益活动社团，将乡村能人纳入社团之中。通过这种方式将“能人”“精英”和热心村民组织起来，使他们的工作系统化、常规化，从而做到持续、有效地带动村民参与公共事务。

陈家坝村的社区自治实践激励了村民的村落事务参与，村民们一同投入到本村、本村落的集体性事务中，参加公益性活动成为随处可见的场景。这种激励的作用不仅在于推动了村务的解决和农村社区的有效运作，其也为农村公共空间的建立提供了重要机会。通过将农村社区划分为村落小组，在村两委下设置党小组和村落理事会，并从村民中推选出“两长八员”，这些创建“幸福村落”的举措实际上是在让村民自己填补村两委和村民群体之间的空白，从而建立农村的公共空间、形塑农民的公共生活。由此，陈家坝村建立了一种独立于政府和私营机构之外的，使村民自主地聚合在一起并建立起社会关系的生活空间。[①] 在这样的空间中，村民们能够自主地讨论、参与、解决自己村落内的事务和问题，能够确保社区治理以农民的需求和利益为导向。农村公共空间的建立，正是村民积极参与乡村公共事务带来的结果。

激发广大农民的公共参与对于我国农村无疑具有重要的现实意义。在政府、学者、乡村干部的眼中，广大农民往往被看作被帮扶、被照顾、被“输血”的对象，农民自身的能动性在相当程度上被忽视了。特别是当前农村人口老龄化、女性化现象严重，留守人群问题凸显，被戏称为“三八六一九九部队”[②]，这一现状更加深化了农民相对弱势的印象，同时也加深了农村衰落、缩小的危机。而陈家坝村的“幸福村落”创建自治实践及其呈现出的良好激励效果，表明了农村社区能够在不改变人口结构和村民构成的情况下激发普通村民参与公共事务的积极性和主动性，提高乡村自治的自主性。这对于我国农村社区激发乡村活力、激励村民参与乡村公益与公共生活具有一定的示范价值。

第二节　对“幸福村落”的再思考

陈家坝村的“幸福村落”创建活动呈现出许多值得其他乡村学习借鉴的经验和亮点，其对于当前我国农村自治中普遍面临的一些问题的处理也值得借鉴，本书对这些经验进行了较为详细的总结。通过陈家坝村一系列的农村社区治理实践，“幸福村落”一词的内涵在村治议题下得到了进一步诠释

① 阿兰纳·伯兰德，朱健刚. 公众参与与社区公共空间的生产：对绿色社区建设的个案研究［J］. 社会学研究，2007（4）：118-136.

② 此处以妇女节（3月8日）、儿童节（6月1日）、重阳节（9月9日）指代妇女、儿童和老人。

和深化。陈家坝村村治的成功，并不意味着村治过程已经完成，而是仍有进一步完善的空间。“幸福村落”未来的发展应当在保持现有治理成果的基础上，继续促进资金与人才两方面的保障，进一步解决治理中面临的难题，持续推进社团建设进程。

一、“幸福村落”内涵反思

“幸福村落”一词由“幸福”和“村落”两个概念组成，从两者的含义和关系中能够看出这一乡村自治新模式的内在意义和内涵。“村落”反映出该治理实践是围绕村落这一较小的地域范围展开的，较传统模式更灵活、更符合农村实际情况，因而更能做到因地制宜；“幸福”则反映出该创建活动的目标和导向在于改善村落居民的生活，提高农民的幸福感，这是“幸福村落”创建活动的最终意义。

村落是一个较农村社区更小的地域概念，是指生活在山区的居民依山势地形而居住，由此形成的有着相同的地缘文化、农耕文化、习俗文化和亲情文化的最基本的自然单元。[①] 从这个定义中不难看出，以“村落”为单位开展具体的村民自治活动，一方面让治理对象的规模和构成更为合理，降低了治理难度。基层社区自治具有复杂性，常涉及经济、权益、环境等不同领域的问题以及不同群体间的文化、价值观念、利益层面的冲突。当治理范围越大时，这些冲突和矛盾越复杂，越难以调和。而以自然形成的村落为治理单元，则能够提高村民在文化、价值、利益等方面的同质性，从而降低治理难度；另一方面以自然、文化条件形成的自然村落为划分基础，充分发挥自然村落的凝聚力与向心力，使得自治单元的文化观念更为趋同，村落的认同度和凝聚力更高，更易于激励村民参与乡村治理。具体到秭归县的村落划分可知，秭归县按照“地域相近、产业趋同，利益共享、有利发展，群众自愿、便于组织，尊重习惯、规模适度”[②] 的科学原则组建村落，从而实现了灵活有效的村落治理，而以“村落”为单位进行划分正是实现“产业趋同”“利益共享”“便于组织”“尊重习惯”等原则的重要前提，“规模适度”则是

---

① 宋正英，王爱平．打造“幸福村落”提升“幸福指数”［J］．学习月刊，2013（14）：51-52.

② 湖北省民政厅联合调研组：《探索社区建设好模式：以秭归“幸福村落”建设为例［J］．学习月刊，2013（5）：50-53.

划分的标准。如果不是集中地共同生活在一起并长期相处的村民，便难以形成共同的利益、习惯和观念。可见，在村级自治组织之下以“村落”为单位进一步划分自治单元，其实质是尝试确定合适的自治体的规模。从陈家坝村各村落理事会的运作情况来看，这种村落划分方式无疑是成功的，对于提高村治效率、降低村治成本、促进村民的公共参与起到了重要作用。陈家坝村的诸多村落作为村以下的自治单位能够在自身良好运转的同时保持与村集体的紧密联系，将自身能解决的村务在村落内得到有效解决，做到“大事不出村，小事不出村落”。

与“村落”相比，“幸福”则是一个更为抽象的概念，将这一概念置于村落治理之中，反映出了陈家坝村实行乡村自治的治理目标，即促进广大村民幸福感的提升。秭归县在开展“幸福村落”创建之时就明确了创建活动的目标是实现村民自治、促进农村和谐稳定、提高农民群众的幸福指数。①可见，乡村自治的最终目的不是完成上级政府交办的行政任务或完成行政指标，也不是在“政治锦标赛”② 中胜出，而是促进广大村民的幸福。尽管幸福本身是人的一种主观层面的正向感受或体验，难以通过外在的作用直接提升或调整，但却能通过改善人的生活、提高人的生活水平来间接地推动。从“幸福村落”创建的主要内容即“九个得到”③ 中不难看出，“九个得到”均围绕村民生活满意度和主观幸福感的提升而展开，涉及经济、民生、环境、村民权益等多个村民幸福的核心领域。从陈家坝村的治理实践中也可以看出，针对环境保护而建立的“天蓝地绿”社团、针对老年村民生活而建立的“夕阳红”老年志愿服务社团正在为改善村落环境、改善老人生活状况发挥重要作用，而各村落的“两长八员”也在各自职责范围内推动村落的大小事务进展和村民生活改善，而这些组织及活动最终都会让村民直接受益，促进了村民幸福感的显著提高。以“幸福”为目标实行农村社区自治，意味着必须处理好与农民的切身利益密切相关的村务，解决好农民最关切的问题。这些问题中有些是“大事”，但更多的是农民的“身边事”，甚至是鸡毛蒜皮的琐事。这些细小的事往往不能通过“立项目”“拨经费”等行政

① 宋正荣. 在“幸福村落”创建中找到村民自治的钥匙：对秭归县创新村民自治的思考［J］. 学习月刊，2014（4）：64-65.

② 周黎安. 中国地方官员的晋升锦标赛模式研究［J］. 经济研究，2007（7）：36-50.

③ 宋正英，王爱平. 打造“幸福村落”提升“幸福指数”［J］. 学习月刊，2013（14）：51-52.

化方式去应对，甚至没有合适的行政术语来描述这些乡村事务。因此，村落与乡村中的社会组织、村民自组织就成了实行这种以村民幸福为导向的治理模式的最好载体。可以想见，随着更多农村社区、村民自组织的建立和完善，陈家坝村的村民们对生活的满意度和他们感受到的幸福会得到进一步增长。

二、“幸福村落”的未来发展

陈家坝村基于“幸福村落”创建的乡村自治模式取得了良好的效果，不仅改变了该村的面貌，而且提升了乡村整体的活力。该治理模式目前仍处在发展阶段，“文明新风”等社团也还在创立过程中，仍存在一些需要解决的问题，因而也存在进一步完善村治体制机制、改进治理措施的空间。从乡村治理的现况来看，对陈家坝村来说，政策资金使用的局限，村治人才队伍的专业性不强等问题仍是制约乡村治理与发展的主要因素。乡村治理的进一步调整与完善，可以从乡村治理队伍的专业化、引进引回能人与人才参与社区建设、促进政策资金整合、推动公益社团成长、发展集体经济这五个方面入手。

（一）乡村治理队伍的专业化

陈家坝村的治理实践有个显著的特点，即村落治理的各方面均有专门人员负责，包括“两长八员”以及公益社团的带头人。这些人员的才干与作用的发挥对于村落的有序正常运转起到了重要的作用，他们经各自村落民主选拔后上岗，对于村民的需求、村落的特点和存在的问题都十分了解，善于用富有乡土特色、村民们乐于接受的方式和途径与村民沟通并解决问题。用一位村民代表的话说，“村民之间都是熟人，沾亲带故，互相间有约束，所以理事会能制定一些土政策或土办法，做成以前村干部乡干部想做却做不成的事”①，这些都是“两长八员”的优点。但依靠“土办法”处理村务的“两长八员”和公益社团带头人往往缺乏系统的社区教育，未接受专业的社区治理培训，工作缺乏系统性和科学性。

为提高村落理事会、公益社团工作的科学性和系统性，一种可行的办法是为村落理事会、公益社团内的村治人员提供专业化的社区治理培训。通过

① 广东清远、湖北秭归因地制宜探索村民自治实现形式：重心下沉，末梢激活［N］. 人民日报，2016-05-13（16）.

组织村治人员集中参加培训班、夜校、专题讲座、专家咨询等多种形式，在保持其自身优势和特色的同时提高文化素质和社区工作素养，提高乡村治理工作的专业化、科学化水平。通过系统培训的方式将传统的“土办法”与专业化的社区治理手段相结合，将专业化社区工作者、服务者的角色与“两长八员”的角色相结合，培养“土生土长”而又具有专业素养的乡村治理人才队伍，实现村落治理的本土化与专业化。这既是乡村自治的未来发展趋势，也是实现农村善治的必由之路。

（二）能人与人才引回

“幸福村落”创建活动的成功充分表明，破解乡村自治困境的突破口在于充分利用乡村内部的力量，发挥能人与人才的作用。然而仅仅发挥本村村民的智慧和力量终归还是作用有限，如果进一步扩展思路就能发现，“能人”不仅在村内，也在村外。秭归县及各乡村可以借鉴武汉市“百万校友资智回汉”①、沈阳市“引老乡回家乡、引校友回沈阳、引战友回驻地”（简称“三引三回”）②、湖南省“引老乡、回故乡、建家乡”③ 等一系列“引回”实践的经验，吸引从老家走出去的优秀子弟回来建设家乡、建设乡村。“引回”的对象既可以是从家乡走出的企业家、大学生，也可以是其他各层次的人才。如果能够吸引企业家回家兴办乡镇企业、大学生回村当志愿者乃至“第一书记”、技术人员回村当技术能手与技术顾问、创业者回家乡创业，必将极大推动乡村建设与发展，并与“幸福村落”创建活动相得益彰，最终真正实现乡村复兴。这就需要各级政府的积极推动与支持；需要宣传部门、基层干部与能够和“引回”对象产生联系的村民的大力宣传与通力合作；需要政策、项目、资金的持续跟进，需要创造有利于吸引人才回乡回村的经济社会生态。

（三）促进政策资金整合

乡村自治与“幸福村落”创建活动的持续推进一方面需要村治人才队伍的建设与保障，另一方面也需要充足的资金投入，人员和经费的保障是乡村治理和社团运行最为核心的问题。对乡村自治而言，充足且能充分利用的

① “四大资智聚汉工程”改变了武汉什么［N］. 光明日报，2017-09-21（1）.

② 参见沈阳市委办公厅、沈阳市政府办公厅文件《沈阳市“引老乡回家乡 引校友回沈阳 引战友回驻地”推动老工业基地 转型创新发展工作方案》，2018 年 2 月 8 日。

③ 引老乡、回故乡、建家乡：浏阳市与广东省湖南商会开启战略合作之旅［N］. 湖南日报，2016-01-21（6）.

资金不仅是发展集体经济的必要条件，也是推进村治和公益事业的重要支撑。从对村干部的访谈中我们了解到，与陈家坝村获得转移支付、项目专项资金等经济资源的“量”相比，项目资金使用方面的局限性是一个更大的问题。在实践中普遍存在资金使用范围规定得过于严格，与农村发展建设的实际情况不相适应的问题。我们听到一个令人感到奇怪又无奈的事例：村里得到上级政府嘉奖并获得一笔奖金，奖金进了村委会的账户后却死板地按照行政事业单位的模式来使用，不能真的作为奖金下发给村干部和工作人员。可见，上级批下的项目资金、专项资金落到基层时往往面临这样一对矛盾，既不能轻易放松资金监管与使用范围，又不能让制度束缚住资金应有作用的发挥。

在这种情况下，采取有效的办法在保证村级资金的使用受到适当监管的情况下，进一步“放活”资金使用，就十分必要。在这一方面可以借鉴湖北之外的许多省份及地区采取的办法。例如成都在 2015 年就将村级公共服务经费纳入财政预算，将各专项资金统一在“村级公共服务和社会管理专项资金”的名义下，不划定经费适用范围而是设定禁止项目清单。清单之外的村级公共服务和社会管理项目经民主决议等环节讨论通过后均可使用，对村级资金的使用以统一标识向村民们说明。不仅如此，成都下辖的村还在村民中选出“项目评判组”“项目监督组”和“资金理财组”，由村民代表自觉对资金使用情况进行监管，确保村级公共资金使用的安全与高效。① 湖北省襄阳市全面落实国务院《关于探索建立涉农资金统筹整合长效机制的意见》精神，通过推进涉农资金整合统筹使用，对性质相同、用途相近的资金纳入统一资金池，并且统一设计方案、统一资金拨付、统一组织实施、统一考核验收，形成政策合力。通过整合涉农资金，优化财政供给结构。做到了既整合政策资金，又促进财政支农精准投向，把财政资金用在刀刃上。② 同样推进涉农资金统筹整合的还有山东省临沂市推行的“一整三转四统”模式。③

综合上述经验可知，在设置资金使用约束方案的前提下，统筹整合涉及

① 成都开全国先河：将村级公共服务经费纳入财政预算［OL］. 搜狐网，http：//www. sohu. com/a/35714379_ 114812.

② 用活“钱袋子”助力乡村振兴：市财政局局长范景玉答记者问［OL］. 中国襄阳政府网，http：//www. xf. gov. cn/news/xyxw/xyyw/201807/t20180727_ 918870. shtml.

③ 释放扶贫资金的“滚雪球”效应：山东省临沂市探索“一整三转四统”新模式［N］. 农民日报，2018-08-07（2）.

乡村治理的各专项资金并统一管理，综合一般转移支付，在村一级和村落设立经村民选举产生的资金监管组织并接受全体村民监督，能够有效提高资金使用的灵活度，实现资金的高效利用。

（四）推动公益社团成长

村级自治组织往往具有多重目标取向，而“公益”是其中一个重要的目标取向，也是村级自治组织的一个重要的角色属性。① “公益”的缺乏，即以村民为主体并为村民自身的利益而供应的公共服务的缺失，反映出的实际上是农村公共生活空间的缺失。

公益社团在陈家坝村的“幸福村落”创建活动中发挥了极为重要的作用，其既是乡村精英、志愿者和普通村民参与公益、发挥自身作用的平台，也是各项公益活动开展的载体。截至目前，陈家坝村的公益社团还在陆续成立、完善的过程中，因此有效推动公益社团的形成与成长就成为“幸福村落”未来发展进程中的一个重要内容。而要推动公益社团的发展，则需要从以下几方面入手：第一，加强对公益社团运作的资金支持。村内各公益社团的发展需要进一步完善运营资金保障体系，一方面要拓宽资金获取渠道，从政府转移支付、市场投资、个人出资等多种渠道获得资金；另一方面促进政策项目资金整合，在制度上保障社团发展资金。第二，培养本土社工，强化社团志愿者的工作能力。志愿者是社团的主要组成人员，身为普通村民的志愿者具有服务公益、服务乡亲的热情，却缺乏专业的社团工作知识和技能。因此，有必要对社团成员进行系统的社工培训，培养本土社会工作者，以专业知识和技能武装社团成员的头脑，强化社团志愿者的工作能力。同时还应适当调整公益岗位设置，实现公益社团组织架构的体系化、系统化。第三，加强与村外公益组织的交流合作。开发推动科技知识普及、扶贫、农村社区发展等扎根于农村的公益项目是目前中国公益组织所擅长的事情，② 通过与村外的各公益组织开展合作交流，吸收公益组织发展运作的有益经验，有望显著提高“天蓝地绿”环境卫生社团、“夕阳红”关爱志愿服务社团等本村公益社团的工作能力，扩展社团工作思路。

（五）发展集体经济，促进村民致富

陈家坝村的“幸福村落”创建活动发展至今，所解决的主要是农村治

① 陈颀.“公益经营者”的形塑与角色困境：一项关于转型期中国农村基层政府角色的研究［J］. 社会学研究，2018（2）：88-114.

② 农村是公益组织的机会吗？［N］. 公益时报，2015-02-03（15）.

理秩序、村民参与基层民主、乡村公益事业发展、环境与生态保护及基础设施、公共文化等村内的公共产品与服务供给等方面的问题，有效满足了村民对上述方面的需求，而“幸福村落”在集体经济发展和乡村产业经营方面还有进一步提升的空间。正如村党总支书记傅先新所说，虽然2009年以后村里每年有10多万元的集体纯收入，但远远不能满足日益增长的开支需求。他在接受访谈时表示“目前集体经济的发展最让我们村干部头疼，别的村都是收入几百万，我们还在喊‘破20万’，今年争取集体收入达到15万元到18万元”。虽然现在全村以茶叶、蔬菜和柑橘种植为主要收入来源，但收入远远不能满足各家各户的发展、建设需要，村民普遍反映、急需解决的修路、建水池等问题都因资金不足而难以解决。同时，即使是作为村里主要产业的茶种植业，也存在一定的市场风险。对此，村干部考虑从开展旅游业这个方向寻求突破。傅先新曾在2016年的一次讲话中说：“由于市场和政策的原因，现有的茶产业连续出现增产不增收，甚至减收的情况，目前又没有更好的产业来更新。所以，我们想结合中央提出的全域旅游，利用地势地利发展农家乐等，提高村民的收入。”村干部普遍认为乡村自治中的许多问题都需要以经济为后盾，如果经济上去了则许多问题都好解决。此外，促进资金整合是提高资金利用效率的好办法，但只有“整合”而没有“增长”，终究对于村庄繁荣、村民致富的助益有限。可见，发展集体经济，促进村民致富，进而提升解决乡村问题的能力是陈家坝村未来发展的一个主要方向。

基于陈家坝村自身的基础和特色，可以从以下三个方面入手改变集体经济有限的困局。其一，创办农产品加工厂，推动茶叶、柑橘深加工，以茶叶和柑橘为原料生产茶饼、橘饼、水果糖等产品，并打造特色品牌，提高农产品附加值；其二，充分利用三峡坝区、屈原故里的区位、文化优势，进一步挖掘、加工本地丰富的旅游资源。一方面围绕三峡大坝发展坝区旅游业，另一方面围绕屈原文化发展传统文化旅游业，形成各自的旅游产业链；其三，发掘本村的乡村旅游资源，鼓励、引导、培训村民在家门口发展旅游产业，以此带动全村经济发展。总之，陈家坝村具有一、二、三产业融合的现实条件，旅游经济尤其具有发展潜力。

第三节　回归乡村自治

陈家坝村乡村自治新模式的意义与价值不仅仅在于找到了一种将村民组织起来实行自治，或激励村民参与乡村公共事务的方式，更重要的是通过这种新模式做到了“乡村自治”本义的回归。这就是陈家坝村乃至整个秭归县实行“幸福村落”建设的独特之处。

一、让乡村治理回归村民

我国农村“一盘散沙”的原子化现状一直以来都在阻碍农村基础设施建设、公共活动开展与乡村建设进程，“沟挖不到自家地头，路修不到自家门口”的现象十分普遍。各村民出于自身利益的考虑及相互间的利益冲突，常常拒绝参加筹资筹劳，村民间的利益冲突与资源分配不均常常导致复杂纠结的局面，“只要有一两户想搭便车，别的农户肯定又把钱揣回兜里”①。不仅如此，基于“项目制”的政策资源分配模式有一定的局限性，村民中或多或少存在“等靠要”甚至观望、等待“更好的政策”的心理，农村呈现出“办不成事”的状态，农村社区公共产品及服务渠道和来源被压缩至仅仅依靠政府的政策支持。

“幸福村落”创建活动的成功实践彻底改变了这种情况。这无疑得益于“双线三层”的村治组织架构、积分制的公共参与激励机制等一系列与村庄实际相符合的制度安排。对社区治理而言，充足的资源投入无疑是重要的，但更重要的是有一套好的制度、好的规则，让乡村治理在这样的制度下运作并进入一种有序发展的良性循环，合理分配资源并激发村民们的活力。在陈家坝村实行的这一系列制度安排，有效激活了村民群体的主动性和行动力，提升了其参与乡村事务与乡村公益的积极性，发挥出村里的“热心人”“明白人”以及有声望、有能力的人对周围村民的带动影响作用，这种作用是政府部门、基层干部和村两委难以取代的。正如秭归县民政局基层政权股股

① 广东清远、湖北秭归因地制宜探索村民自治实现形式：重心下沉，末梢激活[N]. 人民日报，2016-05-13（16）.

长李林修介绍时说："我们创建'幸福村落'的目的就是把老百姓的积极性调动起来，现在国家的政策好了，很多都是从上往下地给老百姓做事。我们还是（鼓励）老百姓自力更生，艰苦奋斗，力所能及的事情自己做。"①

从这句"自力更生，艰苦奋斗"中不难看出，陈家坝村作为秭归县率先实施"幸福村落"建设的村庄之一，其成功自治的经验归根结底在于成功发动了群众，充分利用了广大村民自身的力量，充分体现了各村落群众的主人翁地位，让他们在村落建设中发挥更大的作用，从而解决了村民自己的问题。可见，农村善治的法宝就是发挥广大村民的作用；农村社会的活力在于村民自身；乡村振兴的希望也在农民自己身上。基层民主的发展，靠的是村民积极参与；公共空间的塑造，靠的是村民自发投入；乡村产业的兴旺，靠的是村民勤劳生产；乡风文明的建设，靠的是村民监督、自律；村容整洁的实现，靠的是村民自觉维护。在治理乡村的过程中，基层政府也自觉转变思路，变"管理"为"服务"，在制度设计与项目安排方面顺应群众的意愿与习惯，多做令群众满意的事，多开展群众愿意参与的项目，而不是仅仅盯着"出政绩""树形象"的事。

"幸福村落"创建工作有效地促进了农村微观组织的再造，促进了农村社区的自我整合，这种再造与整合立足于广大村民对村落及整个村庄的认同，立足于村民手中握有的自主权利，立足于村民参与乡村公共事务的热情与积极性。② 农村由此变得鲜活起来，不再像过去那样死气沉沉、一盘散沙。可见，实现乡村振兴、村民幸福的希望在于村民自身，在于让乡村治理回归村民，这是陈家坝村的自治实践给予我们的一大启示。

二、让乡村治理回归自治

如果把陈家坝村的治理实践放在我国乡村自治的大背景下考察其意义，就不难看出，我国的乡村自治正面临着日益偏离"自治"本义的风险，而"幸福村落"创建活动则力图纠正这种偏离，回归"自治"，体现出了一种与"自上而下"的行政化管理不同的治理风格，也就是一种体现基层民主的非强

① 扶贫县的"幸福"之道：在秭归县"幸福村落"做幸福人［OL］.《参考消息》官方网站，http：//www. cankaoxiaoxi. com/china/20160919/1308576. shtml.

② 苏霞. 层级化网络治理：多层级村庄自治架构及其运行机制：基于秭归"幸福村落"的调查［J］. 华中农业大学学报（社会科学版），2014（1）：30-36.

制的德治风格。

党的十九大报告中明确指出，健全自治、法治、德治相结合的乡村治理体系，这是首次在党的重要报告中将自治、法治、德治相结合并应用到乡村治理体系之中，同时也是将“三治”的结合应用于中国基层社会治理模式。[①]《中共中央国务院关于加强和完善城乡社区治理的意见》中专门提出，要“充分发挥自治章程、村规民约、居民公约在城乡社区治理中的积极作用，弘扬公序良俗，促进法治、德治、自治有机融合”[②]。

彭大鹏指出村民自治本身是国家政权在乡村社会重建的一种方式，是一种区域性的社会自治。而“社会自治”的性质就意味着这种自治处于国家正式权力体系之外，是一种“社会民主”，其运行往往不具有强制性，在具体操作中主要采用商讨、说服教育的形式，实行“德治”。《村民委员会组织法》中也明确了这一点，规定“村民委员会是村民自我管理、自我教育、自我服务的基层群众性自治组织”[③]。如果对乡村自治追根溯源，村民委员会最初的基本功能就是调解民间纠纷、维护集体的水利设施以及维持乡村社会治安等。后来逐步扩大为村民对农村社区经济、文化和社会生活中公共事务的自我管理，主要是“为农民服务”。村民自治制度经历了一个逐步发展壮大和创新完善的过程，在村民进行自我管理、自我教育、自我服务、自我监督等方面取得了巨大进展。特别是在灾后重建、城乡一体化、农村改革和社区治理、精准扶贫等方面发挥了积极而重要的作用。村民自治作为一种折中性的区域性社会自治，其职能有限，也受制于既有制度环境。为了充分发挥村民自治的作用，可以允许各地探索不违背自治原则又能体现各地特点的自治制度，从法律和政策上鼓励各地立足于本地具体情况，创新基层治理机制，因地制宜地发展形式多样的村民自治模式。只要不侵害国家权力，不侵害个人权利，具体采用哪一种自治模式应该交给村庄自己来选择，这才是真正的自治。除了继续完善村民自治制度之外，准确定位村民自治的权责与职能，明确村委

① 黄浩明. 建立自治法治德治的基层社会治理模式［OL］. 人民网，http：//theory. people. com. cn/n1/2018/0322/c40531-29882856. html.

② 中共中央、国务院关于加强和完善城乡社区治理的意见［OL］. 求是网，http：//www. qstheory. cn/yaowen/2017-06/13/c_ 1121131159. htm.

③ 中华人民共和国村民委员会组织法［OL］. 中国网，http：//www. china. com. cn/policy/txt/2010-10/29/content_ 21226000. htm.

会与各种相关组织、机构之间的关系，改善村民自治的外部环境，也十分重要。① 从这个角度来说，陈家坝村以及像陈家坝村这样采取自主性强的乡村自治模式的农村正在逐步回归乡村自治的本来意义，回归乡村自治的初衷。

发挥广大村民的主人翁精神，让广大村民依法自己管理自己，自己约束自己。通过村民集体商议制定必要的乡规民约乃至各村落自己的规约，以合法形式建立自我管理的村务议事机制，让广大村民自己参与并处理自己的事务。② 坚持在党和政府领导下农村社区的自我管理、自我服务、自我教育、自我监督，让农村不再成为城市的附庸，让广大农村走上符合农村实际情况和农民期望的发展方向，而不是纯粹以“城市化”作为农村未来的发展方向。只要让乡村治理真正回归自治，村民们就能够用自己的双手创造属于自己的幸福生活，最终真正建成“兴业、家富、人和、村美”的美丽乡村，建成属于广大农民自己的“幸福村落”。

小　结

本章作为全书的最终章，主要分为以下三个部分。首先详细阐述了陈家坝村“幸福村落”创建实践对我国乡村自治中普遍存在的一些问题的启示，包括如何给村两委“减负”、如何降低乡村治理成本以及如何促进村民参与。其次对“幸福村落”进行再思考，对“幸福村落”一词的内涵和意义进行反思、针对“幸福村落”创建的发展方向提出建议，包括乡村治理队伍的专业化、引进引回能人与人才参与社区建设、促进政策资金整合、推动公益社团成长、发展集体经济促进村民致富。最后回归“乡村自治”的主题，呼吁“让乡村治理回归村民”“让乡村治理回归自治”。指出实现乡村振兴、村民幸福的希望在于村民自身，在于让乡村治理回归村民、回归自治，证明只有坚持在党和政府领导下农村社区的自我管理、自我服务、自我教育、自我监督，才能真正建成“兴业、家富、人和、村美”的美丽乡村、幸福村落。

---

① 以村民自治促进社会治理创新［OL］. 中国共产党新闻网，http：//cpc.people.com.cn/n1/2017/0601/c166757-29311821.html.

② 黄浩明. 建立自治法治德治的基层社会治理模式［J］. 行政管理改革，2018（3）：39-44.

后　记

《陈家坝村乡村自治实证研究》是“社会治理‘双基’工程”丛书第四辑系列著作之一，由湖北省社会科学院社会学研究所和湖北社会治理体系研究中心的4名科研人员共同完成，湖北省社会科学院副院长杨述明研究员策划、统筹该书并对调研、写作、统稿等环节给予悉心指导。本书以湖北省宜昌市秭归县陈家坝村为对象，围绕乡村自治这一研究主题展开实证研究，历时一年完成此书。全书共分为八章，阐述了陈家坝村的村民自治机制创新与乡村治理新模式的构建。具体章节的作者为：覃国慈撰写第一章、第五章，程慧栋撰写第二章、第六章，李静萍撰写第三章、第四章，叶闽慎撰写第七章、第八章。

本书的问世得到了中共湖北省委宣传部、湖北省财政厅、湖北省民政厅与湖北省社会科学院科研处的鼎力相助，感谢秭归县委、秭归县民政局、茅坪镇党委与政府的支持，感谢陈家坝村村党总支傅先新书记及村两委干部、各社团负责人的大力支持。同时特别感谢湖北人民出版社责任编辑的辛勤劳动，感谢对本书写作给予帮助的各位学界同仁。此外，该书参考了诸多学者的研究成果，在此一并致谢！

由于著者能力有限、写作仓促，本书难免有疏漏不足之处，希望能得到学界前辈、同仁和读者朋友的指点与帮助！

编　者

2018年10月